FICHA CATALOGRÁFICA
(Preparada na Editora)
Baduy Filho, Antônio, 1943-
B129v   Vivendo o Evangelho - vol. I / Antônio Baduy Filho,
Espírito André Luiz. Araras, SP, 1ª edição, 2010.
320 p.:
ISBN 978-85-7341-483-7
1. Espiritismo. 2. Psicografia - Mensagens
I. André Luiz. II. Título.

CDD -133.9
-133.91

Índices para catálogo sistemático:
1. Espiritismo 133.9
2. Psicografia: Mensagens: Espiritismo 133.91

VIVENDO O EVANGELHO

VOL. I

ISBN 978-85-7341-483-7

1ª edição - outubro/2010

7ª reimpressão - julho/2021

Copyright © 2010,
Instituto de Difusão Espírita - IDE

Conselho Editorial:
Doralice Scanavini Volk
Wilson Frungilo Júnior

Produção e Coordenação:
Jairo Lorenzeti

Capa:
César França de Oliveira

Diagramação:
Maria Isabel Estéfano Rissi

INSTITUTO DE DIFUSÃO ESPÍRITA - IDE
Av. Otto Barreto, 967
CEP 13602-060 - Araras/SP - Brasil
Fone (19) 3543-2400
CNPJ 44.220.101/0001-43
Inscrição Estadual 182.010.405.118
www.ideeditora.com.br
editorial@ideeditora.com.br

Todos os direitos reservados. Nenhuma parte desta publicação pode ser reproduzida, armazenada ou transmitida, total ou parcialmente, por quaisquer métodos ou processos, sem autorização do detentor do copyright.

Vivendo o Evangelho
Vol. I

Comentários a "O Evangelho Segundo o Espiritismo"

Psicografia de
Antônio Baduy Filho
Espírito
André Luiz

ide

ÍNDICE - Vol. I

APRESENTAÇÃO - Elias Barbosa 17

PRÓLOGO

Solução Divina – André Luiz 22

PREFÁCIO

1 - Consolador prometido 26

INTRODUÇÃO

2 - Evangelho redivivo 28
3 - Revelação espiritual 29
4 - Consultas espirituais 31
5 - Adversário íntimo........................... 32
6 - É diferente 33

CAPÍTULO I
Eu não vim destruir a lei

7 - Não basta 38
8 - Jesus te convida 39
9 - Testemunho espírita 40
10 - Louvor a Kardec........................... 42
11 - Convite 43
12 - Kardec e Jesus 45
13 - Ciência e religião........................... 47
14 - Fé e conhecimento 48
15 - Acredite 50
16 - Lealdade a Kardec........................... 51
17 - Também podes 53

CAPÍTULO II
Meu reino não é deste mundo

18 - Não se esqueça 56
19 - O Reino 57
20 - Vitória 58
21 - Ponto de vista 60
22 - É confusão 62
23 - Novo ano 63
24 - O Espiritismo explica 65
25 - Passaporte 67

CAPÍTULO III
Há muitas moradas na casa de meu Pai

26 - Morada interior 70
27 - A solução 71
28 - Deus e a Terra 72
29 - Morada terrestre 74
30 - Mundo feliz 75
31 - Uns e outros 77
32 - Não convém 78
33 - Estágios evolutivos 80
34 - Recaída 81
35 - Mudança 83

CAPÍTULO IV
Ninguém pode ver o reino de Deus se não nascer de novo

36 - Nascer de novo 86
37 - É a reencarnação 87
38 - Inimigos de volta 88
39 - É importante 90
40 - É arrogância 91
41 - Dívidas 93
42 - Sem ressentimento 94
43 - Comodismo 96
44 - Sem limites 97
45 - Questão de escolha 99

CAPÍTULO V
Bem-aventurados os aflitos

46 - Causa e efeito 102
47 - Ainda é tempo 103
48 - Enquanto é tempo 105

49 - Consequências ... 107
50 - Tome nota ... 108
51 - Recomeço ... 110
52 - Provas e expiações ... 112
53 - Não digas ... 113
54 - Refém do passado ... 115
55 - Transgressão e regressão ... 117
56 - Acerto de contas ... 119
57 - A maior aflição ... 120
58 - Recurso eficiente ... 122
59 - Suicídio moral ... 123
60 - Vitória maior ... 125
61 - O mal e o remédio ... 126
62 - Contrastes ... 128
63 - É a porta ... 129
64 - Aceitação ... 131
65 - Não duvide ... 132
66 - O maior sofrimento ... 134
67 - Aflições inúteis ... 135
68 - Infelicidade maior ... 137
69 - Depressão ... 138
70 - Com desconto ... 139
71 - Sacrifício inútil ... 141
72 - Ajude ... 142
73 - Luz no caminho ... 143
74 - Travessia ... 144
75 - Campo de batalha ... 146
76 - Perigo ... 147
77 - Resignação ... 149

CAPÍTULO VI
O Cristo consolador

78 - Confia em Jesus ... 152
79 - Lembrando Jesus ... 153
80 - Consolação ... 155
81 - Jesus e Kardec ... 156
82 - Tira-dúvidas ... 158
83 - Calvário libertador ... 160
84 - Rico de amor ... 161
85 - Receita espírita ... 163
86 - O que interessa ... 164

CAPÍTULO VII
Bem-aventurados os pobres de espírito

87 - Humildade ... 168

88 - Gota de humildade 169
89 - Certeza 171
90 - É bom lembrar 172
91 - Fé e orgulho 173
92 - Exercícios de humildade 174
93 - Não é fácil 176
94 - Respeito a Kardec 177
95 - Sinais de arrogância 179
96 - Sinal de inteligência 180

CAPÍTULO VIII
Bem-aventurados aqueles que têm puro o coração

97 - Comece agora 184
98 - Filho de Deus 185
99 - Ideia do Bem 186
100 - Por fora 188
101 - Atitude íntima 189
102 - Ramos perturbadores 190
103 - Jesus te chama 191
104 - Compromisso espírita 192
105 - A pior cegueira 194
106 - Passado no presente 196

CAPÍTULO IX
Bem-aventurados aqueles que são brandos e pacíficos

107 - Melhor escolha 200
108 - Esforço 201
109 - Um dia 202
110 - Afabilidade 203
111 - Ano novo 204
112 - Inconformação 206
113 - Depende de você 208
114 - Renovação interior 209

CAPÍTULO X
Bem-aventurados aqueles que são misericordiosos

115 - Perdoe 212
116 - É perdão 213
117 - Adversário errado 214
118 - Apesar dos defeitos 215
119 - Crítica e julgamento 216
120 - Perdão de cada dia 217
121 - Proteção 218
122 - Não confunda 220

123 - Em casa 221
124 - Mais fácil 222
125 - Pode, sim 224
126 - O que convém 225
127 - É preciso 226

CAPÍTULO XI

Amar o próximo como a si mesmo

128 - Não é impossível 230
129 - Tua luz 231
130 - César e Deus 232
131 - Amor de verdade 234
132 - O Bem é simples 236
133 - Ponte sublime 237
134 - Sinal de amor 239
135 - Alguém 240
136 - Egoísmo em família 241
137 - Não é só 242
138 - É o começo 243
139 - Na dúvida 244

CAPÍTULO XII

Amais os vossos inimigos

140 - Inimigo 248
141 - Inimigos íntimos 249
142 - Inimigos de ontem 251
143 - Diante do inimigo 252
144 - Inimigos invisíveis 254
145 - Proposta de paz 256
146 - Vingança disfarçada 257
147 - Vale a pena 258
148 - Duelo íntimo 260
149 - Duelo atual 262
150 - Duelo da virtude 263
151 - Duelo doméstico 264
152 - Duelo conjugal 266
153 - Duelo social 267

CAPÍTULO XIII

*Que a vossa mão esquerda não saiba
o que dá a vossa mão direita*

154 - Caridade sem orgulho 270
155 - Auxílio fraterno 271

156 - Infortúnios domésticos 272
157 - Óbolo da viúva 274
158 - É certo 275
159 - Há diferença 276
160 - É de graça 278
161 - Jesus te espera 279
162 - Caridade autêntica 281
163 - Fator de equilíbrio 282
164 - Teu encontro 283
165 - Caridade esquecida 285
166 - Está certo 287
167 - Chegue antes 288
168 - Compaixão 290
169 - Desastre 291
170 - Órfãos 292
171 - O mais ingrato 294
172 - Deus permite 295
173 - Vítimas da invigilância 296

CAPÍTULO XIV
Honrai a vosso pai e a vossa mãe

174 - Mães 300
175 - Pais 301
176 - Hoje e amanhã 302
177 - Pais e filhos 304
178 - Apego obsessivo 305
179 - Ao encontro de Deus 307
180 - Criaturas de Deus 308
181 - Mais interessante 310
182 - Começar de novo 312
183 - Mãe incompreendida 313
184 - Repetência 315
185 - Nem tudo 316
186 - Não rejeites 318

CAPÍTULOS DO Vol. II

CAPÍTULO XV
Fora da caridade não há salvação

187 - Perante a Lei Divina
188 - O mais próximo
189 - Tenta
190 - Perseverança
191 - Não descreia
192 - Ainda falta
193 - Remédio falso
194 - É hora

CAPÍTULO XVI
Não se pode servir a Deus e a Mamon

195 - Ricos
196 - Sensatez
197 - Hora de mudar
198 - Riqueza solidária
199 - Talentos divinos
200 - Sem amor
201 - Desigualdade
202 - Bagagem certa
203 - O que vale
204 - Uso da riqueza
205 - É incapaz
206 - Riqueza responsável
207 - Não sobra
208 - Direito e obrigação
209 - Previdência Divina
210 - Vencedor e vencido
211 - Pródigos
212 - Aprendizado
213 - Erro
214 - Desprendimento
215 - Herança imperecível

CAPÍTULO XVII
Sede perfeitos

216 - Receita difícil
217 - Simplesmente
218 - É difícil
219 - Gratidão a Kardec
220 - Tuas sementes
221 - Deveres do coração
222 - Manequins de virtudes
223 - Autoridade e obediência
224 - Não imagine
225 - Corpo e Espírito

CAPÍTULO XVIII
Muitos os chamados e poucos os escolhidos

226 - Chamados e escolhidos
227 - A porta e a chave
228 - Porta estreita
229 - Nem sempre

230 - Tente de novo
231 - Outra coisa
232 - Para compreender
233 - Ter e não ter
234 - Conteúdo

CAPÍTULO XIX
A fé transporta montanhas

235 - Acredita sempre
236 - Autoconfiança
237 - Vencedores
238 - Fé religiosa
239 - Pergunta e resposta

240 - Prece e fé
241 - Tudo isso
242 - Realmente
243 - Caminho do Bem
244 - Fé em Deus

CAPÍTULO XX
Os trabalhadores da última hora

245 - Primeiros e últimos
246 - Agora ou depois
247 - Últimos e primeiros
248 - Não adianta
249 - Missão espírita

250 - Missão intransferível
251 - Proposta espírita
252 - Perguntas incômodas
253 - Companheiros difíceis
254 - Não interessa

CAPÍTULO XXI
Haverá falsos Cristos e falsos profetas

255 - A árvore e o fruto
256 - Trote
257 - Falsos profetas
258 - Influência espiritual
259 - Mensageiro de Deus

260 - Impostores de hoje
261 - Porta-voz
262 - Falsos espíritas
263 - Fontes luminosas

CAPÍTULO XXII
Não separeis o que Deus juntou

264 - Casamento
265 - Uniões conflitivas
266 - Casamento difícil
267 - Casamento e sexo
268 - Rejeição
269 - Casamento responsável

270 - Divórcio
271 - Primeiro
272 - Separação inevitável
273 - Cirurgia radical
274 - Resposta
275 - Segue teu caminho

CAPÍTULO XXIII
Moral estranha

276 - Oportunismo
277 - Amor e apego
278 - Coisas mortas
279 - Guerra útil

280 - Intolerância religiosa
281 - A maior agressão
282 - Luta íntima

CAPÍTULO XXIV
Não coloqueis a candeia sob o alqueire

283 - Consciência espírita
284 - Qualidade da luz
285 - Não se esconda
286 - Da mesma forma
287 - Candeia

288 - Propaganda eficiente
289 - Médium
290 - Fé e fanatismo
291 - Servidor do Cristo
292 - Tua cruz

CAPÍTULO XXV
Buscai e achareis

293 - Buscai e achareis
294 - Encontro com Deus
295 - Objetivo
296 - Pedido e resposta

297 - Perante Jesus
298 - Por conta de Deus
299 - Outro ano
300 - Roteiro seguro

CAPÍTULO XXVI
Dai gratuitamente o que recebestes gratuitamente

301 - Cobranças indevidas
302 - Não compra
303 - Caridade ou negócio

304 - Certamente
305 - Mandato mediúnico

CAPÍTULO XXVII
Pedi e obtereis

306 - Ponte de luz
307 - Pedir e fazer
308 - Longe
309 - Suas mãos
310 - Pedidos impossíveis
311 - Pedidos inconvenientes
312 - Transmissão
313 - É você
314 - Deus responde
315 - Deus atende
316 - Ninguém

317 - Troca
318 - Prece
319 - Com o coração
320 - Não custa
321 - Ligação para o Alto
322 - Ora por eles
323 - Vigilância
324 - Mensageiro
325 - Só precisa
326 - Esforço próprio
327 - Recurso divino

CAPÍTULO XXVIII
Coletânea de preces espíritas

328 - Preste atenção
329 - Oração dominical
330 - Pai Nosso
331 - Reino divino
332 - Vontade divina
333 - Bem comum
334 - Ao menos
335 - Pão de cada dia
336 - Pão espiritual
337 - Medida justa
338 - Dívida e perdão
339 - Ofensa e perdão
340 - Ofensas a alguém
341 - Ofensas gratuitas
342 - Tentação
343 - Não interfira
344 - Deus sabe
345 - Reunião espírita
346 - Instrumento
     mediúnico
347 - Sintonia mediúnica
348 - Proteção espiritual
349 - Você existe
350 - Não resolve
351 - Defeitos morais
352 - Sombra e luz

353 - Orientação espiritual
354 - Sinal trocado
355 - Sinal certo
356 - Sua vez
357 - Perigos internos
358 - O que resolve
359 - É melhor
360 - O que varia
361 - Reações inimigas
362 - Inimigos de dentro
363 - Inimigos do Espiritismo
364 - Religião Espírita
365 - Espíritas indiferentes
366 - Renascimento
367 - Ano Velho
368 - É sentimento
369 - Confia
370 - Quem são
371 - Inimigo gratuito
372 - Suicídio
373 - Dê um jeito
374 - Seu problema
375 - Obsessões íntimas
376 - Obsessões consentidas
377 - Prisão mental
378 - Obsessão silenciosa

Apresentação

Tive o ensejo de prefaciar a primeira obra recebida pelo médium Antônio Baduy Filho. Trata-se de Histórias da Vida, de autoria dos Espíritos Hilário Silva e Valérium, inicialmente publicada, em 1972, pelo Departamento Editorial da Comunhão Espírita Cristã – CEC –, de Uberaba-MG, e posteriormente, a partir de 1983, pelo Instituto de Difusão Espírita – IDE, de Araras-SP, em sucessivas edições. No referido prefácio, fui aquinhoado pela oportunidade de apresentar o grande amigo ao público ledor espírita, o que volto a fazê-lo, agora, com renovado prazer.

Naquela ocasião, o texto informava que Antônio Baduy Filho nasceu em Ituiutaba-MG, a 28 de fevereiro de 1943. Depois de cursar o primeiro ciclo em sua terra natal, prosseguiu os estudos, por algum tempo, em São Paulo, e, depois, em Minas Gerais, quando se graduou em Direito e Medicina, passando a clinicar a partir de 1972.

Esclarecia ainda o citado prefácio que o médium começou os exercícios psicográficos em janeiro de

1964, em sessões íntimas, depois trabalhando, com alegria, ao lado do nosso inesquecível Francisco Cândido Xavier (1910-2002), em sessões públicas da Comunhão Espírita Cristã – CEC, nas décadas de sessenta e setenta do século passado, tendo ali recebido a sua primeira página assinada por entidade residente no Além, exatamente Hilário Silva, a 22 de julho de 1968. Logo, no mesmo ano, Valérium também compareceu pela mediunidade de Baduy, que psicografou valiosas mensagens de ambos os Espíritos, constantes da primeira obra publicada. A partir daí, várias outras Entidades Espirituais passaram a trabalhar com o médium, legando escritos de conteúdo doutrinário.

A primeira página assinada pelo Espírito André Luiz aconteceu, em sessão íntima, a 1º de maio de 1969, sendo recebida outra do referido Autor Espiritual, em sessão pública da Comunhão Espírita Cristã, na noite de 23 de junho do mesmo ano. Desde então, em Uberaba, ao lado do nosso saudoso Chico Xavier, e depois, a partir de 1973, em Ituiutaba, onde passou a residir, o médium Toninho Baduy, como é também conhecido, vem trabalhando frequentemente com o Espírito André Luiz, em páginas doutrinárias, publicadas na imprensa espiritista e como mensagens avulsas, nas edições ininterruptas do Anuário Espírita, *também traduzidas para o Espanhol, e no livro* Decisão, *lançado pelo IDE, em 1990, com setenta belos capítulos, além do prefácio, com o mesmo título da obra.*

Prossegue o dedicado médium recebendo páginas dos Espíritos anteriormente citados e de muitos outros, trazendo reconforto e esperança às pessoas que o procuram. Casou-se, a 11 de janeiro de 1974, com Rosângela Demétrio Baduy, companheira na atividade espiritual e voluntária no Sanatório Espírita José Dias Machado, do qual é Presidente há longo tempo.

No que diz respeito à formação cultural de nosso médium, além de se aperfeiçoar na Clínica Médica, Psiquiatria e Psicanálise, é um médico espírita com respeitável folha de serviços prestados à Doutrina, tanto no campo científico-filosófico quanto no religioso. É voluntário do Sanatório Espírita José Dias Machado, desde 1976, como médico e diretor clínico.

As páginas que compõem este livro resultam das mensagens recebidas nos Cultos do Evangelho, realizados no citado Sanatório Espírita, após a leitura e o estudo comentado dos textos que compõem as obras básicas do Espiritismo. A série que ora se inicia, e prossegue com o volume II, estuda, item por item, além do Prefácio e da Introdução, todos os capítulos de O Evangelho Segundo o Espiritismo, o terceiro do Pentateuco Kardequiano. De acordo com a informação do médium, André Luiz, após a conclusão deste alentado trabalho e nos mesmos moldes dele, já vem comentando detalhadamente O Livro dos Espíritos. Com igual objetivo, mas em outra série de livros, Hilário Silva e Valérium, em conjunto, estudam, também item por item, O Evangelho Segundo o Espiritismo, em forma de contos e crônicas.

Que o caro leitor aproveite bastante os ensinamentos doutrinários tão claramente expostos pelo Espírito André Luiz nas páginas deste e do volume II.

Vivendo o Evangelho 〜 19

Agradeço ao médium Antônio Baduy Filho e aos Amigos Espirituais que me permitiram este ensejo de mais uma vez rogar, alto e bom som, a Deus, nosso Pai, e a Jesus, Mestre e Senhor, pela Paz de nosso Planeta, o qual somente poderá se transformar, definitivamente, em Orbe de Regeneração, quando livros quais este, estudando a Codificação Espírita, chegarem às massas, como sempre quis Allan Kardec, massas que anseiam pela sonhada transformação moral de toda a Humanidade.

ELIAS BARBOSA

Uberaba, 18 de abril de 2010.

(Comemoração dos 153 anos de lançamento de O Livro dos Espíritos, em Paris, por Allan Kardec.)

PRÓLOGO

Solução divina

O Evangelho é a solução divina aos problemas do Espírito.

É farol.
Ilumina o caminho.

É lição.
Orienta a alma.

É bússola.
Indica o rumo.

É coragem.
Afasta a tibieza.

É paz.
Aquieta o coração.

É fé.
Fortalece o ânimo.

É bálsamo.
Alivia o sofrimento.

É esperança.
Afasta a aflição.

É chama.
Acende o amor.

É o Bem.
Dignifica a vida.

As páginas de O Evangelho Segundo o Espiritismo constituem roteiro seguro para a renovação íntima e trazem de volta as lições de Jesus em sua simplicidade original. Nele, Allan Kardec promove o encontro do Amor na Boa Nova com a Razão na Doutrina Espírita e é a respeito deste precioso conteúdo que tecemos as considerações singelas que compõem esta série de textos (*). Modesta tentativa de compreensão maior da palavra divina, desejamos sinceramente, leitor amigo, que esses comentários simples sejam úteis a seu esforço de transformação moral.

ANDRÉ LUIZ

Ituiutaba, 25 de março de 2005

(*) Nota do médium – Todos os textos foram revisados pelo Espírito André Luiz, inclusive os já publicados na imprensa espírita e como mensagens avulsas. Muitos passaram por maior ou menor alteração quanto à forma, alguns também quanto ao título, outros foram reescritos, sempre sem qualquer prejuízo do conteúdo.

Vivendo o Evangelho 23

PREFÁCIO

1 - *Consolador Prometido*

Prefácio

Deus fala às criaturas, de acordo com a necessidade e o entendimento de cada época.

❧

Moisés aponta a Terra Prometida. Jesus anuncia o Reino de Deus. Kardec descortina o mundo espiritual.

Moisés legisla com ameaça. Jesus exemplifica o perdão. Kardec exalta a caridade.

Moisés aplica a justiça. Jesus usa de misericórdia. Kardec expõe a Lei de Causa e Efeito.

Moisés produz fenômenos. Jesus surpreende com prodígios. Kardec explica a mediunidade.

Moisés age com rigidez. Jesus ensina com bondade. Kardec revela bom senso.

Moisés disciplina. Jesus liberta. Kardec esclarece.

Moisés recebe os Mandamentos. Jesus comunica-se com o Pai. Kardec dialoga com o Espírito de Verdade.

❧

O Espiritismo é o Consolador prometido pelo Cristo, para dar continuidade ao plano divino de conhecimento espiritual.

Moisés, a Lei.
Jesus, o Amor.
Kardec, a Razão.

INTRODUÇÃO

2 - *Evangelho redivivo*

Introdução – I

O Espiritismo é o Evangelho redivivo.

O Evangelho diz que a fé transporta montanhas. O Espiritismo anota que a força da fé está na razão.

O Evangelho diz que não se põe a candeia debaixo do alqueire. O Espiritismo evidencia a todos a luz do conhecimento espiritual.

O Evangelho diz que é preciso nascer de novo. O Espiritismo acentua a reencarnação como veículo de aperfeiçoamento.

O Evangelho diz que há muitas moradas na Casa do Pai. O Espiritismo refere-se aos mundos habitados, em diferentes escalas de evolução.

O Evangelho diz que se operam curas e milagres. O Espiritismo estuda os fenômenos mediúnicos e suas nuanças.

O Evangelho diz que os aflitos são bem-aventurados. O Espiritismo expõe com clareza as causas das aflições.

O Evangelho diz que os pobres de espírito têm o reino dos céus. O Espiritismo exalta a humildade como virtude essencial.

O Evangelho diz que não se pode servir a Deus e ao dinheiro. O Espiritismo ensina a utilidade providencial da riqueza.

O Evangelho diz que há trabalhadores da última hora. O Espiritismo indica que sempre é tempo para o serviço do bem. O Evangelho diz que se há de ser perfeito. O Espiritismo assevera que a perfeição é o objetivo da transformação moral.

〜

O Espiritismo desenvolve, completa e explica claramente, e a todos, os ensinamentos evangélicos, guardados sob a forma alegórica, razão pela qual Jesus e Kardec estão sempre afinados.

O Mestre Divino resume o Evangelho nos mandamentos que afirmam o amor a Deus sobre todas as coisas e ao próximo como a si mesmo.

O Discípulo Fiel, seguindo-lhe os passos, apresenta a Doutrina Espírita, proclamando com ênfase: "Fora da caridade não há salvação".

3 - *Revelação Espiritual*

Introdução – II

Allan Kardec alicerçou a Codificação Espírita na universalidade do ensino dos Espíritos, cujas instruções foram recebidas por diversos médiuns, em diferentes pontos geográficos.

Entretanto, atualmente e em várias ocasiões, o método kardequiano tem sido olvidado e o meio doutrinário toma conhecimento de revelações espirituais que não passam pelo crivo da razão.

Discute-se o socorro magnético.
E o simples passe é desfigurado.

Detalha-se a vida no Além.
E sem respeito ao bom senso.

Comenta-se a reencarnação.
E com revelações inoportunas.

Estuda-se a evolução da alma.
E as contradições se amontoam.

Afirma-se a influência obsessiva.
E a irresponsabilidade é o critério.

Descreve-se o plano espiritual.
E os dados agridem a realidade.

Fala-se de outros mundos.
E a descrição beira o ridículo.

Relata-se a sensação no perispírito.
E as notícias não resistem à crítica.

Tais revelações espirituais semeiam confusão no ambiente espírita, à medida que são aceitas por adeptos e instituições, sem a prudência da análise criteriosa.

A garantia do Espiritismo está na universalidade do ensino dos Espíritos, mas também no discernimento do espírita diante da comunicação mediúnica.

4 - *Consultas espirituais*

Introdução – II

São inoportunas certas consultas ao mundo espiritual.

❧

Futuro?
Você escolhe

Negócios?
Você resolve.

Casamento?
Você decide.

Saúde?
Você se cuida.

Conflito?
Você esclarece.

Dúvida?
Você raciocina.

Destino?
Você faz.

Dificuldade?
Você trabalha.

Separação?
Você pensa.

Conduta?
Você sabe.

Amparado nas lições do Espiritismo, que revive o Evangelho de Jesus, procure você mesmo resolver os problemas do dia a dia, na certeza de que consultas inconvenientes aos Espíritos quase sempre acabam em respostas de Espíritos inconvenientes.

5 - *Adversário íntimo*

Introdução – II e III

Jesus e Kardec, cada um na própria dimensão histórica, tiveram opositores implacáveis.

Jesus foi atacado pelos saduceus. Kardec, pelos materialistas.

Jesus foi perseguido pelos sacerdotes. Kardec, pelos religiosos intolerantes.

Jesus foi injuriado pelos escribas. Kardec, pelos teólogos.

Jesus foi ameaçado pelos fariseus. Kardec, pelos fanáticos.

Jesus foi desafiado pelos doutores da Lei. Kardec, pelos mestres da Ciência.

Jesus foi incompreendido pelos sábios. Kardec, pelos intelectuais.

Jesus foi hostilizado nas sinagogas. Kardec, nos púlpitos.

Jesus foi torturado com espinhos. Kardec, com agressões morais.

Jesus foi injustiçado pelos juízes. Kardec, pelos críticos.

Jesus foi crucificado à vista de todos. Kardec teve as obras queimadas em público.

O Mestre da Boa Nova e o Professor da Nova Revelação colheram adversários declarados, durante a missão sublime de anunciar e restabelecer as verdades divinas.

De nossa parte, guardemos vigilância e fidelidade aos ideais, para que não nos transformemos, por negligência ou arrogância, em adversários íntimos da causa que abraçamos, recordando que Jesus foi traído pelo discípulo do Evangelho e Kardec tem sido negado por aqueles que mais dizem honrar a Codificação Espírita.

6 - *É diferente*

Introdução – IV

Inúmeros pensadores e líderes religiosos propagaram suas ideias, mas Jesus é diferente. O

Divino Messias é a própria lição de amor nos caminhos da vida.

Ensina a honradez,
mas com bondade.

Exalta a fé,
mas sem fanatismo.

Insiste na paz,
mas com trabalho.

Proclama o perdão,
mas sem arrogância.

Acentua a justiça,
mas com misericórdia.

Convida à humildade,
mas sem subserviência.

Afirma a compreensão,
mas com discernimento.

Ressalta a caridade,
mas sem orgulho.

Anuncia a firmeza,
mas com tolerância.

Exalça a resignação,
mas sem conformismo.

Os precursores do Cristo, e os que vieram depois, semeando a mensagem do mundo espiritual, deixaram tratados e códigos a serem cumpridos.

Jesus, porém, nada ordenou. Viveu as lições que ensinou e resumiu o roteiro de luz na exortação inesquecível: "Amai-vos uns aos outros como eu vos amei".

Capítulo I

Eu não vim destruir a lei

7 - *Não basta*

Cap. I – 1 e 2

Observe. Você não pratica o mal, mas não constrói o bem.

❧

Não mente,
 mas não luta pela verdade.
Não agride,
 mas não defende o fraco.
Não falseia,
 mas não assume o certo.
Não mata,
 mas não ajuda a viver.
Não rouba,
 mas não doa de si mesmo.
Não erra,
 mas não desculpa ninguém.
Não destrói,
 mas não edifica nada.
Não odeia,
 mas não se entrega à causa nobre.

❧

Há muita gente que enxerga a virtude apenas em evitar o mal. Contudo, Jesus exemplificou, o tempo todo, a atividade no bem.

Não basta simplesmente lavar as mãos. É preciso usá-las no trabalho digno.

8 - *Jesus te convida*

Cap. I – 3 e 4

Jesus te convida a sair do atoleiro da inferioridade para a terra firme da renovação interior;

do orgulho
para a humildade;

da ambição
para o equilíbrio;

do ressentimento
para o perdão;

da indiferença
para a fraternidade;

da aflição
para a calma;

do egoísmo
para a caridade;

da intolerância
para a indulgência;

da mentira
para a verdade;

Vivendo o Evangelho 39

do desespero
para a esperança;

da discórdia
para a compreensão;

da mesquinhez
para a bondade;

do ódio
para o amor.

Não é fácil seguir o caminho da ascensão espiritual, mas o Evangelho de Jesus é o roteiro certo para a transformação íntima, convidando-te a sair da ilusão do mal para a realidade do bem.

9 - *Testemunho Espírita*

Cap. I – 5

A Doutrina Espírita oferece o roteiro para a transformação moral, mas você resiste a mudanças.

Conclama ao amor.
E você se compraz no ódio.

Convoca ao perdão.
E você persevera na mágoa.

Convida à caridade.
E você persiste no egoísmo.

Acena com a misericórdia.
E você mantém a intolerância.

Apela ao discernimento.
E você tropeça na confusão.

Sinaliza com a esperança.
E você se agita no desespero.

Chama ao entendimento.
E você teima na questiúncula.

Concita à humildade.
E você recalcitra no orgulho.

Sugere o trabalho nobre.
E você adormece no desânimo.

Alicerça a fé no raciocínio.
E você se agarra a superstições.

❧

O espírita assume com a consciência a responsabilidade de ser fiel aos princípios que abraça.

O Espiritismo é bênção do Alto, revivendo o Evangelho de Jesus e você, seguidor de Allan Kardec, tem o compromisso inadiável de testemunhá-lo na própria vida.

Vivendo o Evangelho ❧ 41

10 - *Louvor a Kardec*

Cap. I – 5 a 7

Allan Kardec, ao apresentar "O Livro dos Espíritos", em 18 de abril de 1857, surpreendeu o horizonte intelectual e religioso do mundo com o sol de nova doutrina, impregnada de luz e esperança.

Entretanto, mal estudada e mal compreendida, a Doutrina Espírita é vítima da desinformação de muitos adeptos, que contrariam a Codificação Kardequiana.

~

Cultivam hábitos arraigados de formalismo religioso.
E Kardec alude à adoração em espírito e verdade.

Aceitam revelações sem o exame do bom senso.
E Kardec condiciona a fé ao crivo do raciocínio.

Transformam o passe em gesticulação complexa.
E Kardec fala da naturalidade da ajuda espiritual.

Conduzem com formalismo os atos religiosos.
E Kardec menciona o culto simples e sincero.

Perturbam as instituições com atitudes egoístas.
E Kardec elege a caridade como roteiro de paz.

Divulgam textos sem o resguardo da prudência.
E Kardec lembra os critérios de análise mediúnica.

Tratam o fenômeno como objetivo primeiro.
E Kardec ressalta a transformação moral.

Submetem o socorro do Alto a certo preço.
E Kardec insiste na mediunidade gratuita.

Sucumbem à curiosidade pelas vidas anteriores.
E Kardec salienta o esquecimento do passado.

Renegam o discurso religioso pelo intelectual.
E Kardec reafirma as lições do Evangelho.

❧

O Legado Kardequiano é a referência autêntica do Espiritismo e guarda em seu cerne a dimensão do Consolador prometido pelo Cristo.

Respeitemos, pois, todos nós, os espíritas encarnados e desencarnados, a obra doutrinária de Allan Kardec, louvando-lhe o extremado zelo à missão reveladora, até o ponto de voltar à crosta terrestre, em novo corpo, para desdobrar a Codificação do Espiritismo e testemunhar, mais uma vez, o profundo amor a Jesus, em toda uma existência consagrada ao bem.

11 - *Convite*

Cap. I – 5 a 7

O Espiritismo é obra do Cristo e diz qual é a solução de tuas dificuldades.

Aflição?
É a esperança.

Vivendo o Evangelho ❧ 43

Orgulho?
É a humildade.

Fraqueza?
É a coragem.

Egoísmo?
É a caridade.

Violência?
É a brandura.

Discórdia?
É a fraternidade.

Mágoa?
É o perdão.

Contenda?
É a paz.

Intolerância?
É a indulgência.

Conflito?
É o entendimento.

Desespero?
É a calma.

Cólera?
É a paciência.

Desilusão?
É a fé.

Ódio?
É o amor.

Diante dos apelos negativos que te perturbam o trajeto evolutivo, a Doutrina Espírita revive o Evangelho de Jesus e te convida à transformação moral.

12 - Kardec e Jesus

Cap. I - 7

Enganam-se aqueles que atribuem a Allan Kardec apenas o interesse científico e filosófico no Espiritismo. O Codificador, em todos os seus passos, dá nítidas demonstrações em contrário, alicerçando a novel doutrina no Evangelho de Jesus.

Fala das vidas sucessivas.
E da renovação íntima.

Exalta o raciocínio na fé.
E a submissão a Deus.

Descortina o mundo espiritual.
E a vida futura.

Desmistifica a morte.
E as penas eternas.

Proclama o bom senso.
E o amor ao próximo.

Disseca a mediunidade.
E a influência moral do médium.

Cita as desavenças do passado.
E o perdão aos inimigos.

Valoriza o progresso intelectual.
E o burilamento da alma.

Ressalta o primado da razão.
E o poder da humildade.

Explica as causas da dor.
E as bem-aventuranças dos aflitos.

Allan Kardec imprime no Espiritismo a essência de sua religiosidade que vem do passado longínquo e se estende à encarnação seguinte, quando o Mestre de Lyon veste a pele trigueira do medianeiro humilde, comprometido, durante toda a existência, com o Evangelho do Cristo.

Kardec e Jesus estão irmanados na obra redentora do Espírito. Jesus, anunciando a Boa Nova. Kardec, revelando o Consolador.

13 - *Ciência e religião*

Cap. I – 8

Cuidados do corpo?
Ciência.

Necessidades da alma?
Religião.

Tecnologia?
Ciência.

Espiritualidade?
Religião.

Estrutura da matéria?
Ciência.

Intimidade do Espírito?
Religião.

Descobertas?
Ciência.

Revelações?
Religião.

Mundo físico?
Ciência.

Dimensão espiritual?
Religião.

Pesquisa do fenômeno?
Ciência.

Vivência do sentimento?
Religião.

Vida material?
Ciência.

Imortalidade?
Religião.

Só o fanatismo separa cientistas e religiosos, pois, desde que Allan Kardec codificou a Doutrina Espírita, Ciência e Religião se completam, investigando as leis naturais que regem o universo material e a dimensão espiritual.

Ciência é a fé do conhecimento. Religião é o conhecimento da fé.

14 - *Fé e conhecimento*

Cap. I – 8

A Religião e a Ciência são fontes de bem-estar na experiência diária.

Ciência extirpa o tumor.
Religião trata a descrença.

Ciência previne a epidemia.
Religião afasta o desespero.

Ciência pesquisa o Universo.
Religião revela a Eternidade.

Ciência sossega a dor.
Religião alivia a aflição.

Ciência produz o conforto.
Religião promove a paz.

Ciência elimina a infecção.
Religião controla o instinto.

Ciência cura enfermidades.
Religião resolve imperfeições.

Ciência melhora o mundo.
Religião aperfeiçoa a alma.

Ciência prolonga a vida física.
Religião aponta a imortalidade.

Ciência é o saber provado.
Religião é a ideia revelada.

  Ciência e Religião devem se entender para o bem de todos, pois o conhecimento sem fé conduz ao fanatismo científico e a fé sem conhecimento, ao fanatismo religioso.

15 - *Acredite*

Cap. I - 9

Jesus convidou à renovação íntima, mas ainda hoje há resistência a suas lições de vida.

Despertou a esperança.
E a aflição enlouquece.

Aconselhou o perdão.
E a mágoa campeia.

Enalteceu a humildade.
E o orgulho impera.

Recomendou a paz.
E a guerra devasta.

Preconizou a caridade.
E o egoísmo domina.

Louvou a fé em Deus.
E a descrença tortura.

Ensinou a verdade.
E a hipocrisia resiste.

Exaltou o amor.
E o ódio prospera.

Jesus prometeu o Consolador para recordar suas lições e ensinar todas as coisas que antes não puderam ser ditas. Allan Kardec cumpriu a promessa do Senhor e, inspirado pelo Espírito de Verdade, codificou a Doutrina Espírita.

O Mestre Divino pagou com a vida o anúncio da Boa Nova. Acredite, pois, que o Espiritismo existe para que você amplie o entendimento espiritual e pague com o sacrifício de suas imperfeições o nascimento do Reino de Deus no próprio coração.

16 - *Lealdade a Kardec*

Cap. I – 10

Na codificação do Espiritismo, Allan Kardec estabeleceu as bases da Doutrina, sem ambiguidades. Ainda hoje, porém, existem seguidores que lhe distorcem os ensinamentos.

❧

Kardec cunhou o termo espírita para designar o adepto das novas ideias. Entretanto, existem aqueles que se valem de outras expressões para fugir à afirmação doutrinária.

Kardec estudou detidamente o fenômeno mediúnico para aceitá-lo como verdadeiro. Contudo, existem

Vivendo o Evangelho ✍ 51

aqueles que enxergam a mediunidade em qualquer manifestação psíquica.

Kardec desenvolveu a ciência espírita, sem perder de vista as ilações morais. No entanto, existem aqueles que defendem a pesquisa como única finalidade da Doutrina dos Espíritos.

Kardec fez da compreensão passo importante na conquista da fé. Todavia, existem aqueles que creem cegamente, desprezando o socorro da razão e do bom senso.

Kardec preconizou a simplicidade da reunião espírita. Mas existem aqueles que inventam sofisticações e cerimônias desnecessárias.

Kardec explicou a reencarnação como oportunidade de aprendizado e reparação de antigos enganos. Entretanto, existem aqueles que usam a realidade das vidas sucessivas para justificar atitudes menos nobres.

Kardec construiu o edifício doutrinário de nova revelação. Contudo, existem aqueles que o veem como mero expositor da dimensão espiritual.

Kardec trouxe conhecimentos fundamentais para a Humanidade, em qualquer tempo. No entanto, existem aqueles que o consideram ultrapassado.

Kardec restabeleceu e interpretou as verdades evangélicas, anunciando o Consolador prometido por Jesus. Todavia, existem aqueles que negam o vértice religioso da Doutrina Espírita.

O Espiritismo é bênção divina, que conduz à fé raciocinada, orienta ao bem, enxuga as lágrimas de aflição e aquece a alma com os raios luminosos do amor e da caridade.

Rendamos sincera homenagem ao Codificador, pelo trabalho ingente e grandioso em favor de todos, recordando que o compromisso com a Religião dos Espíritos passa pela transformação moral de nós mesmos, mas também pela lealdade a Kardec.

17 - *Também podes*

Cap. I – 11

Ontem, tiveste as experiências mais desastrosas.

❧

Elegeste o egoísmo por roteiro de vida, fazendo-te surdo aos gritos de socorro à tua volta.

Acolheste o orgulho nos recessos da alma, arrancando lágrimas de amargura daqueles que te sofreram os golpes da arrogância.

Alimentaste a ambição sem limites, desprezando as consequências dolorosas de teus impulsos possessivos.

Não hesitaste em usar a violência na conquista

Vivendo o Evangelho ❧ 53

de teus anseios, espalhando medo e dor aos que te partilharam a jornada.

Desfilaste a capa de vaidade na passarela das ilusões, deixando-te seduzir pelos aplausos de companheiros invigilantes.

Exigiste o sacrifício de familiares na execução de teus caprichos, espezinhando a dignidade e o sentimento dos entes queridos.

Menosprezaste o conselho prudente de amigos sinceros, mergulhando em desregramentos de toda natureza.

Foste o cúmplice da omissão e da indiferença, da indisciplina e da preguiça, abandonando deveres importantes, para te lançares aos prazeres fugidios da vida fácil.

∽

Hoje, porém, acontecimentos inesperados te constrangem a novos rumos, encontras as lições da Boa Nova e te entregas ao esforço da renovação íntima.

Sabes que o Messias Divino mudará tua vida, mas a lembrança dos erros te persegue, levando-te ao desânimo.

Nessas horas, recorda o exemplo de Maria de Magdala, a mulher de tantos enganos que venceu a si mesma e, como se deu com ela, confia e persevera, ama e serve, para que possas também, um dia, testemunhar a ressurreição de Jesus na própria intimidade.

Capítulo II

Meu Reino não é deste mundo

18 - *Não se esqueça*

Cap. II – 1 a 3

Emprego.
E serviço voluntário.

Negócio.
E auxílio ao próximo.

Propriedade.
E bens espirituais.

Dinheiro.
E tesouros da alma.

Autoridade.
E sentimento de amor.

Poder.
E senso de justiça.

Prestígio.
E humildade.

Cultura.
E conhecimento de si mesmo.

Assuma os compromissos materiais, mas não se esqueça das lições do Evangelho.

O reino de Jesus está na vida futura. Contudo, se você se importa com a transformação moral, pode ter a certeza de que já faz parte dele.

19 - *O Reino*

Cap. II – 4

Em sua luminosa passagem entre nós, Jesus ensinou e exemplificou

o bem
e a modéstia;

a caridade
e o perdão;

a esperança
e a humildade;

a indulgência
e a brandura;

o devotamento
e a abnegação;

a perseverança
e a paciência;

o desprendimento
e a coragem moral;

a tolerância
e a compreensão;

Vivendo o Evangelho 57

a misericórdia
e a benevolência;

a fraternidade
e a paz;

a oração
e a vigilância;

a fé
e o amor, sempre.

Jesus plantou as sementes da virtude na Terra, transformando-a em abençoado campo de evolução espiritual e, embora tenha afirmado que seu reino não é deste mundo, deu todas as indicações de que ele começa por aqui.

20 - *Vitória*

Cap. II – 5

V ives a aflição de situações frustrantes.

Desperdiçaste o bem material, assumindo compromissos inconsequentes.

Tiveste insucesso nos negócios, arcando com pesados prejuízos.

Fizeste a escolha errada, suportando consequências desagradáveis.

Foste surpreendido pela derrota, consumindo-te em amargura e revolta.

Sofreste a decepção do amigo, lamentando a perfídia de que foste vítima.

Descobriste a enfermidade irreversível, mergulhando no desespero.

Recebeste a indiferença do familiar mais próximo, arrancando-te gemidos abafados da alma.

Perdeste o ente mais querido, afundando na solidão e na inquietude.

Diagnosticaste inibições e conflitos íntimos, confundindo-te os sentimentos mais profundos.

∽

Envolvido na teia destas frustrações, carregas a desilusão por fardo insuportável e imaginas que toda a tua existência se resume ao acontecimento infeliz.

Entretanto, nessas horas amargas em que te sentes desolado e perdido, quando tudo parece conspirar contra ti, recorda a Doutrina Espírita, que te descortina a vida espiritual e a reencarnação, explicando que a experiência no corpo físico é provação transitória, no trajeto luminoso da evolução.

Além do horizonte material, a imortalidade te espera no reino de amor e justiça, onde poderás entender melhor a razão pela qual teus dias de hoje estão eivados de lágrimas e espinhos.

∽

Vivendo o Evangelho ∽ 59

Não te aflijas, pois, com as dificuldades que o aprendizado impõe.

Esforça-te na elevação interior, ainda que os impulsos te inclinem à inferioridade.

Cultiva o trabalho honesto, ainda que sintas o apelo à atividade duvidosa.

Convive bondosamente com os companheiros de jornada, ainda que eles te exijam doses crescentes de tolerância e compreensão.

Mantém a fé em Deus, ainda que as incertezas te sugiram a incredulidade.

Busca a inspiração do Evangelho para tua vida e acredita que Jesus te ampara e conforta, a cada instante, para que não abandones o serviço digno e o esforço nobre.

Contudo, não esperes louros e aplausos no caminho. Se tua decisão é seguir os passos do Cristo, sabes que a luta é a conquista do bem e o troféu da vitória, a cruz.

21 - *Ponto de vista*

Cap. II – 5

A ofensa machuca, mas observe:
    vingança dificulta,
    perdão facilita.

O desespero desorienta, mas repare:
descrença abate,
fé encoraja.

A doença incomoda, mas considere:
revolta complica,
resignação alivia.

A dificuldade perturba, mas examine:
comodismo prejudica,
trabalho ajuda.

O sarcasmo dói, mas avalie:
revide nivela,
esquecimento eleva.

O desprezo magoa, mas analise:
ódio atormenta,
amor acalma.

~

É importante expor seu ponto de vista a respeito da vida, exaltando os ensinamentos do Evangelho, mas suas atitudes é que vão revelar se você realmente está com Jesus.

Vivendo o Evangelho ~ 61

22 - É confusão

Cap. II – 6

Faça algum esforço para se libertar do exagero.

❧

Mesa posta?
Evite excessos.

Roupa?
Não abarrote o armário.

Lazer?
Seja comedido.

Festa?
Não abuse.

Sexo?
Aja com responsabilidade.

Compras?
Não se exceda.

Enfeites?
Tenha limites.

Cosméticos?
Não exagere.

Veículo?
Conserve o equilíbrio.

Convivência social?
Não se exiba.

❧

A Lei Divina não condena o bem-estar material,
mas você quase sempre confunde prazer com abuso.

23 - *Novo ano*

Cap. II – 6

Ao findar o ano, contabilizas tuas conquistas
materiais.

❧

Enriqueceste o patrimônio.
Adquiriste a moradia de teus sonhos.
Empreendeste a viagem tão esperada.
Lucraste nos negócios.
Frequentaste os salões da moda.
Conquistaste posições de destaque.

❧

Por isso, nas horas que antecedem a entrada do
Ano Novo, é natural que teu coração seja palco de
entusiasmo e euforia, alimentado pela convicção de
inúmeras vitórias.

Entretanto, diante de tantos benefícios a ti mesmo, é justo perguntar o que fizeste em favor do próximo.

Destinaste ao faminto as sobras de tua mesa farta?

Colaboraste com o necessitado sem abrigo?

Visitaste alguém castigado pela solidão?

Abriste a carteira ao infeliz em penúria?

Usaste tua influência para amenizar o sofrimento alheio?

Favoreceste com a peça de roupa o irmão quase nu?

Socorreste o doente sem recursos?

Semeaste solidariedade, fé e esperança?

No alvorecer de novo ano, interroga tua consciência se realmente estás no caminho do bem. A Lei Divina não te impede de conquistar o melhor para ti, mas registra, na contabilidade da vida, os investimentos na fraternidade.

Em razão disso, reparte tuas alegrias com os que choram à tua volta, serve, trabalha e ajuda, na certeza de que Jesus foi claro e objetivo ao traçar o roteiro do bem, afirmando sem qualquer vacilação: "Ama teu próximo como a ti mesmo".

24 - *O espiritismo explica*

Cap. II – 7

Derramas lágrimas copiosas sobre o corpo inerte do ente querido.

Entretanto, o Espiritismo explica que a morte não existe, comprovando a continuidade da vida além do túmulo.

Suportas os golpes da desilusão nos relacionamentos mais promissores.

Contudo, o Espiritismo explica que a convivência turbulenta, nos dias de hoje, é o reencontro difícil de antigos desafetos.

Cultivas o desespero diante do familiar com doença incurável.

No entanto, o Espiritismo explica que o sofrimento, agora, é a reparação oportuna de erros cometidos em vidas passadas.

Experimentas na alma a revolta perante insinuações e acusações falsas.

Todavia, o Espiritismo explica que as provações dolorosas são o reflexo de dívidas morais, contraídas outrora.

Choras o fracasso de teus empreendimentos.

Entretanto, o Espiritismo explica que a derrota

Vivendo o Evangelho ➤ 65

atual é o remédio amargo para as inconsequências de tuas vitórias, em outros tempos.

Acumulas decepções com as dificuldades, os conflitos e as atitudes menos nobres, no lar e na órbita de tua parentela.

Contudo, o Espiritismo explica que a família, através da reencarnação e da consanguinidade, é a reunião de amigos e inimigos de existências anteriores, para aprendizado e reajustes, na escola da evolução.

Lamentas reconhecer no filho amado as deficiências impeditivas da atividade normal.

No entanto, o Espiritismo explica que as perturbações da emoção e as limitações intelectuais são processos regeneradores de desvios pretéritos, nos campos do sentimento e da inteligência.

Condenas e ridicularizas a fé, alegando que a crença na Divindade é fuga da razão.

Todavia, o Espiritismo explica que deves compreender para crer, ensinando-te a conquista da fé raciocinada.

Nas vicissitudes de teu caminho, a Doutrina Espírita é a bênção de todas as horas, restabelecendo a simplicidade da Boa Nova e ampliando o entendimento da verdade evangélica.

Antes, ciente de tuas imperfeições, insuperáveis em uma única existência, temias a punição eterna, enxergando no Poder Divino o juiz implacável e caprichoso.

Hoje, porém, o Espiritismo revive a palavra autêntica de Jesus e te explica, com toda a lógica e bom senso, que Deus é sempre misericórdia e amor.

25 - *Passaporte*

Cap. II – 8

O empresário.
E o operário.

O comerciante.
E o balconista.

O médico.
E o enfermeiro.

O artista.
E o servente.

O professor.
E o aluno.

O religioso.
E o incrédulo.

Vivendo o Evangelho 〜 67

O cientista.
E o ignorante.

O arquiteto.
E o pedreiro.

O escritor.
E o iletrado.

O governante.
E o cidadão comum.

Todos vão atravessar a fronteira do mundo espiritual e passar pela alfândega da consciência. Na bagagem, pouco importa o rol de títulos honoríficos, certidões de poder e prestígio ou dificuldades e sofrimentos por que tenham passado.

O patrimônio moral é o único documento válido para entrar com serenidade na vida futura. Sem esse passaporte, devidamente preenchido com as anotações do bem, o Espírito recém-liberto da vida material sofre as consequências de seus enganos e sente a necessidade de novas experiências físicas, almejando a renovação íntima e o respeito às leis divinas.

No reino de Jesus não há privilégio, nem disfarce. Cada um é o que é.

Capítulo III

Há muitas moradas na casa de meu Pai

26 - *Morada interior*

Cap. III – 1 e 2

Cada um constrói dentro de si a morada compatível com os próprios sentimentos.

Ódio -
cárcere aflitivo.

Mágoa -
cadeia íntima.

Egoísmo -
choça solitária.

Inveja -
caverna funesta.

Orgulho -
mansão decadente.

Avareza -
tapera sombria.

Caridade -
vivenda alegre.

Fé -
fortaleza invencível.

Esperança -
construção sólida.

Humildade -
   cabana serena.

Perdão -
   recanto de paz.

Amor -
   edifício de bênçãos.

Jesus disse que há muitas moradas na Casa do Pai, mas deixou claro que cada um recebe de acordo com suas obras.

27 - *A solução*

Cap. III – 3 a 5

Egoísmo.
E avareza.

Orgulho.
E violência.

Vaidade.
E usura.

Prepotência.
E esperteza.

Descrença.
E miséria.

Ignorância.
E ambição.

Inveja.
E mentira.

Ódio.
E injustiça.

Crime.
E corrupção.

Mágoa.
E vingança.

    Realmente, tudo isso existe na Terra, mas a solução para torná-la um mundo melhor é a transformação moral de cada um, seguindo a recomendação de Jesus: "Amai-vos uns aos outros, como Eu vos amei."

28 - *Deus e a Terra*

Cap. III – 6 e 7

    A Terra ainda é palco do ódio, mas Deus acena com o amor;

é clima do desespero, mas Deus esparze o alívio;

é sementeira do egoísmo, mas Deus convida à caridade;

é abrigo do sofrimento, mas Deus oferta o consolo;

é paisagem da discórdia, mas Deus providencia a paz;

é muralha do orgulho, mas Deus chama à humildade;

é abismo dos vícios, mas Deus estimula a virtude;

é vulcão da violência, mas Deus semeia a brandura;

é território da aflição, mas Deus espalha a esperança;

é leito das enfermidades, mas Deus estende o remédio;

é morada do infortúnio, mas Deus inspira a fraternidade;

é cenário da miséria, mas Deus favorece com o trabalho.

É verdade que a Terra ainda é o vale de dor e lágrimas a serviço da evolução espiritual, mas foi nela que, um dia, nasceu Jesus para revelar o amor de Deus.

29 - *Morada terrestre*

Cap III – 8, 11 e 12

A Terra está repleta de contradições.

❧

Guerra
E os que anseiam pela paz.

Miséria.
E os que realizam o progresso.

Desespero.
E os que espalham a esperança.

Vingança.
E os que se dispõem ao perdão.

Egoísmo.
E os que semeiam a caridade.

Descrença.
E os que enaltecem a fé.

Discórdia.
E os que querem a harmonia.

Mentira.
E os que defendem a verdade.

Crime.
E os que clamam por retidão.

Orgulho.
E os que aprendem a humildade.

Preguiça.
E os que trabalham com afinco.

Ódio.
E os que cultivam o amor.

A morada terrestre ainda é cenário de muitos conflitos, mas está predestinada a ser um mundo feliz, desde que você comece, agora mesmo, a buscar as lições do bem e a fazer alguma coisa em favor da felicidade de todos.

30 - *Mundo feliz*

Cap. III – 9 e 10

Sem miséria e sem dor, mas com justiça e esperança.

Sem avareza e sem vingança, mas com bondade e perdão.

Sem inveja e sem desventura, mas com fraternidade e paz.

Sem guerra e sem dureza, mas com harmonia e tolerância.

Sem doença e sem desespero, mas com alegria e ânimo.

Sem incredulidade e sem prepotência, mas com fé e calma.

Sem aflição e sem conflito, mas com serenidade e paciência.

Sem esperteza e sem mentira, mas com respeito e verdade.

Sem rispidez e sem negligência, mas com brandura e trabalho.

Sem preguiça e sem orgulho, mas com disciplina e humildade.

Sem abatimento e sem mágoa, mas com coragem e misericórdia.

Sem egoísmo e sem ódio, mas com caridade e amor.

∽

Este é o perfil de um mundo feliz. Observe que é simplesmente a aplicação do Evangelho, que a Doutrina Espírita lhe ajuda a compreender e vivenciar.

Para que a Terra, um dia, seja assim, basta que você siga as lições de Jesus. Sem comodismo e com perseverança.

31 - *Uns e outros*

Cap. III – 13 a 15

Espíritos em experiências diversas no corpo físico padecem das mesmas imperfeições.

∽

Doentes e médicos.
São enfermos da vaidade.

Alunos e professores.
São vítimas do egoísmo.

Pobres e ricos.
São indigentes do perdão.

Analfabetos e cientistas.
São ignorantes do bem.

Descrentes e religiosos.
São vacilantes na caridade.

Presidiários e carcereiros.
São cativos da violência.

Guerreiros e pacificadores.
São presas da arrogância.

Vivendo o Evangelho ∽ 77

Acusados e juízes.
São réus do passado.

Uns e outros são devedores perante as leis divinas, mas a Doutrina Espírita esclarece que a Terra é abençoada escola, com alunos em diferentes graus de evolução, cabendo a cada um a responsabilidade do aprendizado, pois nesse curso eterno de aperfeiçoamento o que vale é o esforço pessoal de renovação íntima.

32 - *Não convém*

Cap. III – 14 e 15

Você diz que é difícil viver na Terra.

Lida com a fome.
E se entristece.

Observa nudez.
E lamenta.

Nota miséria.
E se irrita.

Enxerga violência.
E reclama.

Assiste a injustiças.
E se revolta.

Percebe exploração.
E protesta.

Enumera crimes.
E se assusta.

Vê orfandade.
E deplora.

Cataloga doenças.
E se deprime.

Anota contradições.
E sofre.

❧

Realmente não é fácil conviver com tantas dificuldades. Contudo, é preciso lembrar que a Terra é curso intensivo de aperfeiçoamento espiritual e, nesse caso, não convém exagerar as lamúrias, pois, como acontece em qualquer escola, o aluno que mais se queixa é o que menos se dedica ao aprendizado.

Vivendo o Evangelho

33 - *Estágios evolutivos*

Cap. III – 16

Cadeia.
E hospital.

Abrigo.
E creche.

Colégio.
E universidade.

Biblioteca.
E ginásio.

Oficina.
E clube.

Supletivo.
E pós-graduação.

Arte.
E esporte.

Academia.
E folclore.

Artesanato.
E cibernética.

Ciência.
E religião.

Tais recursos existem na Terra, atendendo às necessidades do homem, em diversos momentos da experiência no corpo físico.

Da mesma forma, os mundos espalhados pelo Universo cumprem objetivos definidos na evolução espiritual. Primitivos, expiatórios ou felizes, cada um deles constitui estágio evolutivo na marcha do Espírito, a caminho da perfeição.

Trabalhe, pois, por sua transformação moral, conforme as lições do Evangelho, para que você possa merecer a promoção na escala dos mundos, recordando o ensinamento de Jesus, segundo o qual cada um recebe de acordo com as próprias obras.

34 - Recaída

Cap. III – 17 e 18

Orgulho é inútil.
Atrasa a evolução.

Violência é barreira.
Impede o progresso.

Egoísmo é nevoeiro.
Encobre a caridade.

Inveja é muralha.
Tolhe a cooperação.

Mesquinhez é vício.
Adoece a bondade.

Mágoa é obstáculo.
Complica o perdão.

Melindre é espinho.
Dificulta o auxílio.

Ódio é veneno.
Elimina o amor.

Essas imperfeições não existem nos mundos regeneradores, mas aí o Espírito ainda está sujeito a recaída na expiação, caso não se firme no caminho da renovação íntima.

Garanta, pois, a vitória do bem à sua volta, estude, medite, trabalhe e sirva sem interesse, buscando a inspiração do Evangelho de Jesus e transformando para melhor o mundo em que você vive, sem esquecer que o vencedor autêntico está sempre em combate contra o mal em si mesmo.

35 - *Mudança*

Cap. III – 19

A Terra tem melhorado, mas ainda existem inúmeras dificuldades.

～

Estuda-se o terremoto,
mas existe a violência.

Combate-se a enchente,
mas existe o orgulho.

Prevê-se o temporal,
mas existe a cólera.

Controla-se o raio,
mas existe a agressão.

Aproveita-se o deserto,
mas existe o egoísmo.

Drena-se o pântano,
mas existe a corrupção.

Pesquisa-se o vulcão,
mas existe o crime.

Vivendo o Evangelho ～ 83

Alivia-se a miséria,
mas existe o desprezo.

Cura-se a doença,
mas existe o abuso.

Investiga-se o tufão,
mas existe a guerra.

A morada revela a condição do morador. Se você deseja melhorar o mundo em que vive, trate de mudar também o mundo que existe em você.

Capítulo IV

Ninguém pode ver o reino de Deus se não nascer de novo

36 - *Nascer de novo*

Cap. IV – 1 a 4

Papel.
De toda qualidade.

Vidro.
De todo tamanho.

Plástico.
De todo modelo.

Alumínio.
De todo formato.

Aço.
De toda têmpera.

Sucata.
De toda espécie.

Lixo.
De todo volume.

Esgoto.
De toda origem.

Máquina.
De todo calibre.

Motor.
De toda potência.

Veículo.
De toda dimensão.

Terra.
De toda variedade.

❧

O homem recupera e recicla tudo isso, para utilizar novamente nos caminhos da vida. É ingenuidade, pois, supor que o Espírito, criação de Deus, não possa se corrigir e evoluir, através da reciclagem da reencarnação.

37 - *É a reencarnação*

Cap. IV – 1, 2, 3 e 6

Enfermidade dolorosa?
É a reencarnação corrigindo.

Conflito íntimo?
É a reencarnação funcionando.

Família exigente?
É a reencarnação aproximando.

Parente antipático?
É a reencarnação reconciliando.

Vivendo o Evangelho ❧ 87

Filho problemático?
É a reencarnação cobrando.

Casamento complicado?
É a reencarnação reajustando.

Convivência difícil?
É a reencarnação ensinando.

Vida apertada?
É a reencarnação agindo.

Dificuldades de hoje são resgates de dívidas antigas, promovendo a evolução no curso das vidas sucessivas.

Esforça-te, pois, no auto-aprimoramento e busca no Evangelho de Jesus os critérios de renovação íntima, na certeza de que a vida alicerçada no bem é a reencarnação te melhorando.

38 - *Inimigos de volta*

Cap. IV – 5, 7, 8 e 9

Agressividade.
E atitude inconsequente.

Impertinência.
E abuso de confiança.

Ingratidão.
E chantagem emocional.

Intriga.
E conversa infundada.

Sarcasmo.
E acusação maliciosa.

Maldade.
E comentário falso.

Aversão.
E raiva disfarçada.

Desprezo.
E postura de frieza.

Mentira.
E conduta duvidosa.

Rebeldia.
E reclamação indevida.

Hipocrisia.
E indiferença afetiva.

Confrontação.
E sentimento confuso.

Estas situações ocorrem na família, pois a reencarnação traz de volta, para dentro de casa, os inimigos de outras vidas, a fim de que, amparado no Evangelho de Jesus e nas lições da Doutrina Espírita, possas acertar com eles as diferenças do passado, na certeza de que Deus dá a oportunidade do reencontro, mas a reconciliação depende de ti.

39 - *É importante*

Cap. IV – 10, 11, 16 e 17

Conserve a calma.
E aja com brandura.

Cultive a paciência.
E tenha compreensão.

Alimente a esperança.
E espalhe a caridade.

Sustente o perdão.
E ajude o próximo.

Fique na indulgência.
E exercite a bondade.

Busque o estudo nobre.
E siga a lição do bem.

Trabalhe honestamente.
E persista na disciplina.

Adote a humildade.
E se fortaleça na fé.

Semeie a tolerância.
E conduza à paz.

Ampare-se no amor.
E entenda sempre.

Observe o esforço de renovação íntima, para não perder tempo no aprendizado da evolução.

Você não tem dúvida quanto ao objetivo da reencarnação, mas é importante analisar o que tem feito da oportunidade de nascer de novo.

40 - É arrogância

Cap. IV – 12 a 15

Enganadores.
E mentirosos.

Espertos.
E levianos.

Estupradores.
E desonestos.

Difamadores.
E vingativos.

Caluniadores.
E intrigantes.

Criminosos.
E viciados.

Torturadores.
E violentos.

Mesquinhos.
E invejosos.

Agressores.
E assaltantes.

Corruptores.
E corruptos.

Todos eles, passíveis ou não de punição pela lei humana, são alcançados pela lei divina que, através da reencarnação, usa de justiça e misericórdia para corrigir o culpado, dando-lhe a oportunidade de recapitular experiências e buscar o caminho do bem.

Hoje, na Terra, a legislação penal tende a se afastar da simples punição e se orientar pela reeducação do delinquente, mas ainda é comum atribuir-se ao Código Divino o castigo eterno e irreversível.

Ao admitir, pois, a recuperação do réu e negar as vidas sucessivas, que são instrumento da Bondade Divina para a reabilitação do Espírito, o homem mostra arrogância e dá a entender que é melhor do que Deus.

41 - *Dívidas*

Cap. IV – 18 a 20

A reencarnação revela na família os acertos e os erros de vidas anteriores.

~

Filho ajustado.
Filho problemático.
Filho deficiente.

Marido responsável.
Marido leviano.
Marido tirânico.

Esposa compreensiva.
Esposa geniosa.
Esposa perturbada.

Vivendo o Evangelho ~ 93

Irmão companheiro.
Irmão adversário.
Irmão enfermo.

Parente simpático.
Parente inimigo.
Parente complicado.

Pais amigos.
Pais indiferentes.
Pais autoritários.

O cenário familiar é o passado no presente, exigindo reajustes e transformações. A Doutrina Espírita ajuda a compreender que os compromissos não resolvidos do pretérito voltam aos dias de hoje, através da reencarnação, como dívidas a serem resgatadas. Jesus é o avalista, mas no Banco da Evolução ninguém transfere o débito. O devedor é quem paga.

42 - *Sem ressentimento*

Cap. IV – 19

Você lamenta os problemas familiares.

Encontra o parente.
E ele é antipático.

Ama o filho.
E ele é insensível.

Fala com o irmão.
E ele é estranho.

Gosta do pai.
E ele é agressivo.

Acaricia a mãe.
E ela é indiferente.

Aprecia o primo.
E ele é arrogante.

Dialoga com o tio.
E ele é mordaz.

Admira o sogro.
E ele é distante.

Considera a nora.
E ela é hostil.

Respeita o cunhado.
E ele é prepotente.

  Relações difíceis entre familiares são reajustes e compromissos, determinados por dívidas em existências passadas. Tolere e ajude, sem ressentimento, o familiar que não é simpático, fazendo por ele o melhor possível.

No contexto da reencarnação, família não é simples reencontro. É oficina de trabalho.

43 - *Comodismo*

Cap. IV – 21 a 23

O aluno é reprovado,
mas voltará à escola.

O atleta sofre a derrota,
mas competirá de novo.

O culpado está preso,
mas terá a liberdade.

O lavrador perde a obra,
mas plantará novamente.

O artista não convence,
mas renovará o trabalho.

O escritor não agrada,
mas tentará outra vez.

O comerciante fracassa,
mas fará outro negócio.

O ator não tem sucesso,
mas repetirá o trabalho.

Seria insensatez admitir que essas pessoas tivessem uma única ocasião para acertar, ficando para sempre condenadas após o primeiro engano.

Da mesma forma, é contra-senso ou puro comodismo negar a reencarnação, bênção divina que dá ao Espírito a oportunidade de repetir experiências de vidas passadas, a fim de sanar os erros que levaram ao malogro e preparar-se para o futuro, em constante esforço de renovação íntima.

44 - *Sem limites*

Cap. IV – 24

Há muita gente que desembarca no mundo espiritual com bagagem indesejável.

Intransigência.
E orgulho.

Discórdia.
E intolerância.

Vaidade.
E avareza.

Inveja.
E egoísmo.

Violência.
E vingança.

Mentira.
E crime.

Calúnia.
E hipocrisia.

Devassidão.
E leviandade.

Desequilíbrio.
E mágoa.

Ódio.
E paixão.

Entretanto, tudo isso pode se modificar através da reencarnação, pois a Doutrina Espírita esclarece que nascer de novo é oportunidade de corrigir enganos e trabalhar pela transformação moral, segundo os critérios do Evangelho de Jesus.

O limite das vidas sucessivas é a perfeição, mas a misericórdia de Deus, que sempre lhe ampara o esforço de renovação íntima, esta não tem limites.

45 - *Questão de escolha*

Cap. IV – 25 e 26

A reencarnação é a escola, onde quase sempre somos alunos descuidados.

⁓

Ensina a paz,
mas fazemos a guerra.

Estimula a fraternidade,
mas ficamos no egoísmo.

Leciona o amor,
mas insistimos no ódio.

Indica o perdão,
mas preferimos a mágoa.

Mostra a humildade,
mas desejamos o orgulho.

Aponta o entendimento,
mas queremos a discórdia.

Vivendo o Evangelho ⁓ 99

Aconselha a modéstia,
mas elegemos a vaidade.

Orienta ao trabalho,
mas escolhemos a preguiça.

Revela a misericórdia,
mas vemos a intolerância.

Direciona ao bem,
mas estacionamos no mal.

O aprendizado é crescimento interior e só se torna punição quando negligenciamos a responsabilidade de aprender e temos de repetir a lição.

Deus dá a escola, mas aproveitamento ou descaso é sempre escolha nossa.

Capítulo V

Bem-aventurados os aflitos

46 - *Causa e efeito*

Cap. V – 1 a 3

O abuso adoece.
Egoísmo intoxica.

O orgulho abate.
Ciúme desorganiza.

A inveja destrói.
Ódio desestrutura.

A vingança fere.
Irritação desordena.

A cólera cega.
Indiferença paralisa.

O desprezo bate.
Agressão desagrega.

O descaso zomba.
Intolerância golpeia.

A violência lesa.
Calúnia enxovalha.

A intriga ofende.
Desvario embrutece.

A fraude ataca.
Mentira desacredita.

A avareza isola.
Abandono prejudica.

A injúria trama.
Hipocrisia dissimula.

O Espiritismo mostra que a Lei de Causa e Efeito está presente no mundo moral e que toda ação tem a reação correspondente, significando que, diante do Código Divino, cada desacerto, agora ou no passado, leva sempre ao reparo necessário e que a aflição, longe de ser injustiça, é na verdade o efeito doloroso de uma causa injusta.

47 - *Ainda é tempo*

Cap. V – 4

É provável que, ainda agora, te vejas consumido pela amargura, lamentando os momentos infelizes, que te levaram a erros e desvios.

Cobriste de ilusões a alma frágil e ingênua,

que seduziste por capricho, declamando promessas impossíveis de cumprir.

Injuriaste o corpo físico com abusos de toda espécie, indiferente aos apelos da moderação, minando a saúde e o equilíbrio.

Sorveste a taça de prazeres desvairados, em aventuras inconsequentes, dilapidando o patrimônio das horas e as possibilidades de realização.

Cultivaste vantagens ilegítimas, movido por ambição e egoísmo, prejudicando o direito alheio.

Abraçaste o vício por companheiro inseparável, surdo às advertências amigas, destruindo a dignidade própria e a harmonia interior.

Desperdiçaste talento e inteligência, desprezando o dever nobre, para caíres no precipício do comodismo e da inutilidade.

～

Agora que reencontras o Cristo em teu caminho, buscando os ensinamentos da Boa Nova, sentes o aguilhão da consciência e te vergas ao peso do remorso. Pensas nos prejuízos que causaste, nas dores que infligiste, nos desenganos que espalhaste, no tempo que perdeste. E, no segredo de tua solidão, choras em silêncio, imaginando-te a pior das criaturas.

É verdade que não podes fugir às consequências de teus atos. Entretanto, Deus é juiz amorável, que distribui justiça e misericórdia, ofertando-te, a cada momento, a oportunidade de renovação íntima.

Ainda é tempo de construir o bem. À tua

volta, pululam aflições e necessidades, lágrimas e infortúnios, à espera do carinho de tuas mãos operosas e benevolentes. Não tenhas medo de recomeçar e, tomando o Evangelho por roteiro de vida, segue adiante, ama, trabalha, ajuda e confia sempre na Providência Divina.

Não estás sozinho nessa estrada redentora. Jesus acompanha teus passos vacilantes, sustentando-te a coragem e o ânimo. E toda vez que sucumbes à paralisia do remorso, o Mestre Divino afaga-te o coração dilacerado e, acreditando na sinceridade de teus propósitos, fala à tua alma com firmeza e amor:

– Levanta-te e anda.

48 - *Enquanto é tempo*

Cap. V – 5

Elimine, tanto quanto possível, aqueles defeitos apenas conhecidos na convivência mais íntima.

Gritaria.
E cólera.

Avidez.
E birra.

Insatisfação.
E mesquinhez.

Grosseria.
E melindre.

Descaso.
E ciúme.

Prepotência.
E desatenção.

Censura.
E tirania.

Revolta.
E intriga.

Indelicadeza
E desrespeito.

Despeito.
E ironia.

Preguiça.
E inveja.

Negligência.
E indiferença.

As imperfeições íntimas, ainda que ausentes da legislação humana, não fogem ao Código Divino.

Renove-se, pois, enquanto é tempo, para que a Lei de Causa e Efeito, mais adiante, não lhe cobre da consciência o resgate da dívida com os custos da aflição.

49 - *Consequências*

Cap. V – 6

Erros de vidas passadas são corrigidos através da reencarnação. Ontem, cometeste o engano. E, hoje, sofres as consequências mais diversas.

⤳

Traíste o amor e a confiança do companheiro.
E vives conflitos dolorosos no campo do afeto.

Atentaste contra a missão sublime da maternidade.
E experimentas a frustração de não gerar filhos.

Abusaste das condições de poder e autoridade.
E injustiças inexplicáveis te frequentam o caminho.

Negligenciaste sérios compromissos familiares.
E a parentela te cobra dedicação e sacrifício.

Jogaste com os sentimentos nobres de outros.
E desajustes e inibições te afligem a sexualidade.

Cedeste aos prazeres e excessos de toda natureza.
E enfermidades limitantes te disciplinam a vida.

Vivendo o Evangelho ⤳ 107

Dilapidaste bens nas loucuras da prodigalidade.
E a bolsa vazia te ensina a lição do equilíbrio.

Galgaste o pedestal tirânico da arrogância.
E aprendes com sofrimento a lição de humildade.

Amontoaste tesouros nos cofres do egoísmo.
E horas difíceis te levam a pedir solidariedade.

Plantaste na intimidade as sementes do ódio.
E colhes amargura na obsessão e doença mental.

Ninguém escapa à Lei de Causa e Efeito. Ontem, débito com o Código Divino. Hoje, cobrança da dívida.

50 - *Tome nota*

Cap. V – 7

A reencarnação é oportunidade de corrigir desvios passados. Contudo, o maior empecilho à renovação interior é a persistência no erro que reaparece em nova roupagem, a cada existência, migrando do vício mais grave no pretérito ao disfarce atenuado no presente.

Do orgulho
à presunção.

Do ódio
à mágoa.

Da intolerância
à exigência.

Da usura
ao interesse.

Da vaidade
ao pedantismo.

Da revolta
ao melindre.

Da sovinice
à mesquinhez.

Da usurpação
à esperteza.

Da descrença
à dúvida.

Da inveja
à competição.

Da mentira
à hipocrisia.

Do egoísmo
ao amor-próprio.

Jesus mostrou o caminho da transformação, mas a resistência ao bem entrava o crescimento espiritual. Por isso, tome nota: reforma íntima pela metade, sem esforço continuado, não resolve.

51 - *Recomeço*

Cap. V – 8

A reencarnação permite repetir experiências anteriores, com a Lei de Causa e Efeito corrigindo agora os erros do passado. Ontem, desvio. Hoje, consequência.

～

Ontem, orgulho cultivado.
Hoje, a dor da humilhação.

Ontem, delito impune.
Hoje, condenação injusta.

Ontem, fortuna esbanjada.
Hoje, situação de penúria.

Ontem, fraternidade ausente.
Hoje, amargura da solidão.

Ontem, desrespeito à saúde.
Hoje, deficiência orgânica.

Ontem, inteligência no mal.
Hoje, mente retardada.

Ontem, uso da violência.
Hoje, doença degenerativa.

Ontem, patrocínio do ódio.
Hoje, enfermidade mental.

Ontem, sucesso duvidoso.
Hoje, fracasso repetitivo.

～

Hoje, o casamento difícil, o filho problemático e a família complicada são o recomeço de tarefas mal resolvidas no pretérito.

Muitas vezes, tais situações ocorrem a pedido dos próprios interessados, desejosos de superar os enganos de outras vidas e trabalhar pelo aperfeiçoamento íntimo. Contudo, existem Espíritos endurecidos e indiferentes ao progresso espiritual, incapazes de se decidirem pelo caminho do bem. Estes são compelidos às tribulações, a fim de que a dor lhes prepare o coração aos influxos renovadores, da mesma forma que, na oficina, o ferro rígido e frio é levado ao fogo, para que seja mais receptivo às exigências da bigorna e do martelo.

Vivendo o Evangelho ～ 111

52 - *Provas e expiações*

Cap. V – 9

Pessoas podem estar no mesmo meio com objetivos diferentes.

O médico está no hospital para socorrer.
O paciente, para se tratar.

O professor está na escola para ensinar.
O aluno, para aprender.

O carcereiro está na cadeia para vigiar.
O preso, para expiar o erro.

O oficial está no quartel para comandar.
O recruta, para obedecer.

O juiz está no tribunal para cumprir a lei.
O réu, para ser julgado.

O motorista está no ônibus para dirigir.
O passageiro, para viajar.

A mãe está no parque para proteger.
A criança, para brincar.

O árbitro está na quadra para fiscalizar.
O esportista, para competir.

Na Terra, mundo de provas e expiações, a maioria dos Espíritos retorna ao corpo físico para reparar os enganos do passado, enquanto outros suportam as exigências da reencarnação para ajudar e servir, cumprindo tarefas específicas, como acontece na casa bancária, onde sob o mesmo teto, o devedor tem o encargo de pagar a dívida e o gerente, a função de organizar os papéis.

53 - *Não digas*

Cap. V – 10

Viveste angústia indescritível, quando a morte te arrebatou ao convívio a presença física do ente mais querido.

Entretanto, apesar da aflição que te oprimia o peito em soluços, a ferida dolorosa cicatrizou e pudeste retomar a jornada de compromissos.

Padeceste profunda tristeza, quando o companheiro te desconheceu o carinho e a dedicação de muitos anos, ferindo-te a alma com atitudes indignas.

Contudo, apesar das lágrimas que te orvalharam as faces crispadas de dor, o tempo esvaneceu as injúrias e prosseguiste teu caminho.

Experimentaste a lâmina afiada da desilusão,

Vivendo o Evangelho ☞ 113

quando descobriste a enfermidade silenciosa, torturando-te o corpo.

No entanto, apesar do pessimismo que te sufocava as possibilidades de reação, alcançaste o alívio e reencontraste o ânimo.

Sentiste o gosto amargo da derrota, quando percebeste que teus esforços foram inúteis para atingir o objetivo tão almejado.

Todavia, apesar da inconformação que te cegava para a luz do recomeço, novas oportunidades surgiram, abençoando-te a trajetória com trabalho nobre e útil.

Sofreste o golpe da frustração, quando notaste indiferença a teus gestos de fraternidade e auxílio.

Mas, apesar da revolta que te consumia as horas, recebeste o abraço solidário e a palavra amiga, reerguendo-te das sombras do melindre e impulsionando-te para a persistência no bem.

Não digas nunca que perdeste a esperança e observa que a Bondade Divina sempre te socorreu na hora mais difícil.

Mantém a fé perante as dificuldades e recorda que a Doutrina Espírita te ajuda a compreender o significado da dor, ensinando que o sofrimento de hoje é o resultado da perturbação que ontem semeaste à tua volta.

Inspira-te no Evangelho para o esforço constante de renovação íntima e confia no amor de Jesus, certo de que, mais além da provação, a felicidade te espera na vitória da consciência tranquila.

54 - *Refém do passado*

Cap. V – 11

A Doutrina Espírita ensina que já viveste antes e que a Bondade Divina te favorece com o esquecimento do passado, para que a existência atual esteja livre de interferências constrangedoras.

Embora percebas as próprias tendências instintivas que indicam teus enganos de ontem e ouças a voz da consciência que te orienta o caminho do reequilíbrio, ainda te entregas a devaneios inúteis, buscando no pretérito identificações com personagens de influência, que te satisfaçam os anseios da curiosidade vaidosa e nada contribuem para teu crescimento espiritual.

❧

Foste o rei poderoso e temido,
mas o que importa é a humildade.

Vivendo o Evangelho ❧ 115

Foste o príncipe admirado e sedutor,
mas o que interessa é o amor autêntico.

Foste o guerreiro vitorioso,
mas o que vale é o triunfo do perdão.

Foste o filósofo convincente,
mas o que adianta é a ideia do bem.

Foste o escritor de prestígio,
mas o que eleva é a palavra de esperança.

Foste o artista de talento,
mas o que resolve é a caridade.

Foste o teórico revolucionário,
mas o que transforma é a fé inabalável.

Não importa o que foste ou fizeste em outros tempos, mas o que constróis agora em favor de teu aprimoramento íntimo, valorizando a oportunidade do recomeço que a misericórdia de Deus te permite, através da reencarnação.

O Espiritismo aponta o Evangelho de Jesus como roteiro de transformação moral e descortina os horizontes do futuro, mas o espírita que se envolve na teia das revelações pretéritas desperdiça tempo e se torna refém do passado.

55 - *Transgressão e regressão*

Cap. V – 11

Na Doutrina Espírita, a mediunidade e a reencarnação são importantes ferramentas de aprendizado e consolo, mas os princípios da Codificação Kardequiana em torno delas nem sempre são respeitados.

❧

A transgressão do compromisso mediúnico ocorre com frequência.

Mediadores da cura transformam o gesto de auxílio em atos de coreografia estudada, fugindo à simplicidade do recurso espiritual.

Intermediários dos efeitos físicos cultivam interesses imediatistas e perdem a faculdade de produzir fenômenos, envolvendo-se com a fraude e o ridículo.

Medianeiros da escrita negligenciam a vigilância e a disciplina, desatendem ao estudo doutrinário e grafam obras que mais confundem do que esclarecem.

Médiuns de toda natureza sucumbem aos elogios, rejeitam a convivência com a humildade, desenvolvem sentimentos de infalibilidade e onipotência, tornam-se surdos às ponderações de companheiros mais experientes e semeiam incertezas como se fossem verdades.

❧

Vivendo o Evangelho ❧ 117

Da mesma forma que a mediunidade é vítima de desvios em sua finalidade espírita, também a reencarnação é alvo de interpretações inconvenientes.

O Espiritismo esclarece que as vidas sucessivas são instrumento da Providência Divina para a evolução espiritual, ressaltando que o esquecimento das experiências anteriores é útil ao recomeço em nova existência. Nesta oportunidade, os enganos de outrora se manifestam como tendências indesejáveis a serem corrigidas e a voz da consciência é o eco da resolução tomada no sentido de melhorar.

Apesar deste conceito doutrinário, claro e preciso, há os que advogam a regressão de memória, abarcando as vidas passadas, como tratamento aos males de agora.

Entretanto, convém refletir que somente o esforço no bem é capaz de renovar propósitos, a caminho da paz interior. É ilusório qualquer outro meio que afaste o Espírito da participação ativa no processo de transformação íntima.

Diante, pois, das provações que te afligem, não imagines que o alívio de tua dor esteja no conhecimento do pretérito.

Ao contrário, a solução que Deus te propõe não é conduzires a memória em direção ao passado, debaixo do sono hipnótico, mas avançares o coração rumo ao futuro, sob a inspiração do Evangelho de Jesus, amando, servindo e trabalhando pelo autoaprimoramento, na certeza de que a felicidade autêntica é operosa conquista e não, simples oferta.

56 - *Acerto de contas*

Cap. V – 12

Enfermidade dolorosa?
Trate-se e não acuse a Providência.

Conflito íntimo?
Aceite-se e não cultive amargura.

Convivência difícil?
Melhore-se e não culpe os outros.

Casamento atribulado?
Entenda e não complique as coisas.

Parentela descontrolada?
Ajude e não se entregue a cobranças.

Filho rebelde?
Aconselhe e não se renda à agressão.

Pais exigentes?
Tolere e não fuja ao respeito.

Fracassos repetidos?
Prossiga e não perca o equilíbrio.

Vida apertada?
Trabalhe e não alimente a inveja.

Vivendo o Evangelho ❧ 119

Morte inesperada na família?
Conserve a fé e não se revolte.

Estas situações causam dor e desconforto, mas é preciso lembrar que a vida atual é acerto de contas com o passado. A aflição de hoje é o resgate do débito de ontem.

Compreenda, pois, com a Doutrina Espírita, o propósito da experiência no corpo físico e, aprimorando-se à luz do Evangelho, pague sem reclamar, porque o sofrimento resignado dá direito a desconto na dívida. Contudo, aquele que paga sob protesto, insurgindo-se contra a Bondade de Deus, sofre as penalidades da insubmissão e contrai novo débito, permanecendo mais tempo no cadastro dos inadimplentes.

57 - *A maior aflição*

Cap. V – 13

Se você atravessa a hora mais difícil, observe estas recomendações.

Fuja da revolta.

Mantenha a calma.

Entenda a situação.

Evite o desespero.

Sustente a coragem.

Revigore a fé.

Prossiga com otimismo.

Cultive a resignação.

Aceite a realidade.

Use o discernimento.

Faça o possível.

Exercite a prece.

Pense na reencarnação.

Considere a imortalidade.

Fortaleça a esperança.

Creia na Bondade Divina.

～

A experiência no corpo físico não prescinde do sofrimento, necessário ao aperfeiçoamento espiritual, mas a compreensão da vida eterna, através das lições do Evangelho, é sempre o bálsamo que alivia na provação dolorosa.

Nos momentos aflitivos, a maior aflição é estar afastado de Deus.

Vivendo o Evangelho

58 - *Recurso eficiente*

Cap. V – 14 e 15

O homem desenvolve meios para melhorar a vida material, mas despreza as iniciativas de aprimoramento do Espírito.

Imuniza contra doenças,
    mas não elimina o egoísmo.

Previne acidentes,
    mas não acaba com o crime.

Trata o esgoto,
    mas não vence a corrupção.

Recicla o lixo,
    mas não se transforma.

Protege contra o raio,
    mas não afasta o ódio.

Impede a erosão da terra,
    mas não supera a mentira.

Prevê a tempestade,
    mas não refreia a cólera.

Antônio Baduy Filho / André Luiz

Preserva o meio ambiente,
mas não, o equilíbrio interior.

Combate o incêndio,
mas não extingue a mágoa.

Evita a enfermidade,
mas não foge à ilusão.

〰

Vitorioso na prevenção das catástrofes materiais, o homem fracassa no cuidado com a intimidade espiritual, porque é desatento às lições do Evangelho.

Senhor da ciência e da tecnologia, rejeita o conhecimento da vida futura e se priva de eficiente recurso contra o desequilíbrio e o desespero.

59 - *Suicídio moral*

Cap. V – 16 e 17

Confiante
e egoísta.

Vencedor
e orgulhoso.

Vivendo o Evangelho 〰 123

Seguro
e vingativo.

Capaz
e desonesto.

Inteligente
e insensível.

Culto
e hipócrita.

Poderoso
e indigno.

Influente
e corrupto.

Talentoso
e mesquinho.

Respeitado
e indiferente.

Quem age assim está distante dos ensinamentos de Jesus e mata em si mesmo as possibilidades do bem.

Vivo e bem sucedido para o mundo à sua volta, na verdade está morto para a realidade do Espírito e, sem dúvida nenhuma, comete suicídio moral.

60 - *Vitória maior*

Cap. V – 18

Quiseste alguém amigo que dividisse contigo as tristezas e realizações, mas tuas horas são marcadas de solidão.

Sonhaste com o filho saudável que preenchesse teus dias com alegria pura, mas a criança que trazes nos braços padece dolorosa provação, aninhando em teu colo o corpo frágil e atormentado.

Ansiaste pelo noivo compreensivo que te concretizasse os ideais de vida, mas o companheiro que partilha de teus passos está crivado de enganos e ilusões, exigindo-te doses generosas de tolerância e abnegação.

Desejaste a família solidária e equilibrada, que te sustentasse o coração nos momentos difíceis, mas teus parentes entregam-se a desatinos, compelindo-te ao sacrifício e devotamento.

Esperaste a cura da enfermidade que te aflige as noites de insônia, mas a dor e a limitação te torturam com frequência.

Aguardaste a situação confortável e fácil, por merecimento de teu trabalho e dedicação, mas as dificuldades persistem, arrojando-te às preocupações e incertezas.

Vivendo o Evangelho ➤ 125

Planejaste o futuro risonho da realização profissional, mas obstáculos desviam-te do caminho do sucesso, arrancando-te lágrimas e desconsolo.

Lutaste por vitórias, reconhecimento e paz, mas tuas batalhas terminam em fracassos, indiferença e atribulações.

⚭

Diante do sonho desfeito e da realidade dura, não te revoltes, mas compreende que o sofrimento de hoje é a colheita do que plantaste ontem em existências desperdiçadas no erro.

Persevera no trabalho digno e entrega-te à inspiração de Jesus, na certeza de que a aflição que te pesa nos ombros é, na verdade, a cruz redentora que há de te conduzir à vitória maior na vida eterna, onde encontrarás a verdadeira felicidade.

61 - *O mal e o remédio*

Cap. V – 19

Você complica.
Deus favorece.

Você sofre.
Deus alivia.

Você erra.
Deus ensina.

Você teima.
Deus espera.

Você se aflige.
Deus socorre.

Você desvirtua.
Deus corrige.

Você desorienta.
Deus equilibra.

Você se revolta.
Deus acalma.

Você fraqueja.
Deus fortalece.

Ainda que você não perceba, a Providência Divina sempre ajuda e encoraja. O mal é a provação com a ausência de fé. O remédio, a certeza da presença de Deus.

62 - *Contrastes*

Cap. V – 20

Colheita farta.
E famintos.

Roupa de luxo.
E desnudos.

Mansões.
E favelas.

Intelectuais.
E analfabetos.

Bibliotecas.
E guerras.

Atletas.
E doentes.

Trabalhadores.
E mendigos.

Universidades.
E presídios.

Festivais.

E tragédias.

Riqueza.

E miséria.

❧

Tamanhos contrastes não permitem que te sintas feliz, mas a Doutrina Espírita, revivendo o Evangelho de Jesus, convida-te à renovação íntima, no serviço do bem desinteressado, ensinando que tua felicidade somente será duradoura e verdadeira se ela for parte da felicidade do próximo.

63 - *É a porta*

Cap. V – 21

Observe que à sua volta tudo se transforma.

❧

Murcha a flor,
surge o fruto.

Acaba o fruto,
surge a semente.

Vivendo o Evangelho ❧ 129

Finda a semente,
surge a planta.

Cresce a planta,
surge a árvore.

Perece a árvore,
surge a madeira.

Cai a madeira,
surge a tora.

Seca a tora,
surge a lenha.

Arde a lenha,
surge o fogo.

Cessa o fogo,
surge a brasa.

Some a brasa,
surge o carvão.

A passagem para o mundo espiritual é também simples transformação. Morre o corpo, surge a alma. E o túmulo é apenas a porta para a imortalidade.

64 - *Aceitação*

Cap. V – 21

A doença é difícil,
mas você se cura.

A situação é crítica,
mas você resolve.

O trabalho é duro,
mas você realiza.

O objetivo é árduo,
mas você alcança.

A viagem é longa,
mas você chega.

A aflição é cruel,
mas você supera.

O acidente é grave,
mas você escapa.

A travessia é árdua,
mas você consegue.

Vivendo o Evangelho

A barreira é grande,
mas você transpõe.

A prova é rude,
mas você vence.

Em todas estas circunstâncias, você agradece a ajuda da Bondade Divina. Contudo, se os acontecimentos são desfavoráveis, revolta-se contra os desígnios do Alto, sinalizando que, em seu entendimento, a vontade de Deus só é justa quando ela está de acordo com seus desejos.

65 - *Não duvide*

Cap. V – 22

A febre debilita,
mas alerta o organismo.

A dor incomoda,
mas denuncia o distúrbio.

A tosse cansa,
mas sinaliza problemas.

A dispneia sacrifica,
mas é alarme importante.

O edema deforma,
mas é sinal de desarranjo.

O torcicolo dói,
mas indica a perturbação.

O vômito irrita,
mas revela a intolerância.

O desmaio assusta,
mas é aviso de transtorno.

A alergia aborrece,
mas expõe o desequilíbrio.

A vertigem aflige,
mas aponta a alteração.

⁕

Há muita coisa que parece o mal e não é. A situação desagradável pode ser o bem a seu favor, que a cegueira da revolta não lhe deixa enxergar.

Não duvide, pois, da justiça de Deus. A derrota, embora o gosto amargo do fracasso, é sempre lição útil que lhe permite, mais adiante, conquistar os louros da vitória.

Vivendo o Evangelho ⁕ 133

66 - *O maior sofrimento*

Cap. V – 23

O maior sofrimento nem sempre é o que aparenta ser.

❧

Não é o martírio da dor.
É o tormento da revolta.

Não é a mágoa da penúria.
É a inveja a quem tem.

Não é a ofensa recebida.
É a carência de perdão.

Não é a intolerância alheia.
É a própria impaciência.

Não é o tropeço do caminho.
É o impedimento interior.

Não é o pesar da humilhação.
É a falta de humildade.

Não é o desgosto da doença.
É a rebeldia ao tratamento.

Não é a tortura do desespero.
É a escassez de esperança.

Não é o amargor do fracasso.
É o comodismo diante dele.

Não é o suplício da queda.
É o desânimo de recomeçar.

❧

O maior sofrimento não é o que nos alcança em razão dos compromissos perante a Lei Divina, mas aquele que produzimos em função de nossos desequilíbrios. Não é o mal que vem de fora, mas a ausência do bem dentro de nós.

67 - *Aflições inúteis*

Cap. V – 23

Você se aflige por conquistas que não lhe garantem felicidade autêntica.

❧

Quer a riqueza.
E se aflige por adquiri-la.
Mas a riqueza não garante paz.

Vivendo o Evangelho ❧ 135

Anseia pelo poder.
E se aflige por dominá-lo.
Mas o poder não garante justiça.

Deseja a fama.
E se aflige por alcançá-la.
Mas a fama não garante humildade.

Busca o sucesso.
E se aflige por atingi-lo.
Mas o sucesso não garante paciência.

Gosta do prestígio.
E se aflige por mantê-lo.
Mas o prestígio não garante tolerância.

Exige o privilégio.
E se aflige por possuí-lo.
Mas o privilégio não garante brandura.

Procura o aplauso.
E se aflige por obtê-lo.
Mas o aplauso não garante misericórdia.

As aflições compõem o currículo da escola de autoaperfeiçoamento, contudo muitas delas derivam de objetivos transitórios, não levam a proveito espiritual e estão distantes das consolações prometidas por Jesus nas bem-aventuranças. São aflições inúteis.

68 - *Infelicidade maior*

Cap. V – 24

Miséria.
Nudez.
Fome.
Abandono.
Orfandade.
Doença incurável.
Mutilação.
Paralisia.
Acidente grave.
Enfermidade dolorosa.
Lesão irreversível.
Mal-entendido.
Fracasso.
Desengano.
Problema insolúvel.
Guerra.
Incêndio.
Enchente.
Conflito familiar.
Perda de alguém querido.

Ninguém pode negar que estas situações são verdadeiros infortúnios, mas infelicidade maior é o distanciamento da realidade espiritual e a indiferença perante o próximo, quando você imagina que é feliz e, no entanto, está apenas anestesiado pelo egoísmo.

Vivendo o Evangelho ✎ 137

69 - *Depressão*

Cap. V – 25

Muito antes da plenitude do estado depressivo existem sintomas precursores que são contornados pela mobilização ativa da fé e da vontade.

Você é arrimo de família.
Passa por dificuldades.
Tem medo do futuro.
Mas a fé garante a segurança.

Você é esposa dedicada.
Sofre o golpe da traição.
Entrega-se à revolta.
Mas a fé garante a paz.

Você tem emprego estável.
Recebe o aviso de dispensa.
Mergulha no desespero.
Mas a fé garante o equilíbrio.

Você é atleta preparado.
Não alcança a vitória.
Pensa na desistência.
Mas a fé garante o ânimo.

Você discute com o amigo.
Ouve dele a frase infeliz.
Sente o espinho da ofensa.
Mas a fé garante o perdão.

Você gosta de alguém.
Não evita o rompimento.
Acha que a vida acabou.
Mas a fé garante a coragem.

❧

A depressão é com frequência a resposta tardia às mágoas acumuladas nas lutas diárias.

Perante as dificuldades nos compromissos da reencarnação recorra à fé sincera em Deus e à confiança em si mesmo, recordando a palavra de Jesus aos enfermos que aliviava:

– Vai em paz. Tua fé te curou.

70 - *Com desconto*

Cap. V – 26

A doença é incurável.
A dor incomoda.
Mas o remédio alivia.

Vivendo o Evangelho ❧ 139

A surdez é definitiva.
Reduz a comunicação.
Mas os sinais resolvem.

A lesão é congênita.
Altera o organismo.
Mas a cirurgia decide.

O defeito é grave.
Limita o movimento.
Mas a prótese ajuda.

A cegueira é completa.
Prejudica o estudo.
Mas o braile favorece.

A perturbação é mental.
Desorganiza o juízo.
Mas o tratamento equilibra.

O problema é insolúvel.
Ocasiona sofrimento.
Mas a fé traz resignação.

～

A Misericórdia Divina permite o rigor da prova, mas oferece inúmeros recursos para abrandar-lhe as consequências aflitivas.

A provação dolorosa é débito antigo, em resgate na existência atual. É pagamento de dívida do passado, mas quase sempre pagamento com desconto.

71 - *Sacrifício inútil*

Cap. V – 26

Praticas o jejum rigoroso, mas não socorres o irmão faminto com o que deixas de comer.

Maltratas os joelhos com a genuflexão prolongada, mas não te abaixas para acudir o infeliz caído na rua.

Machucas os pés em peregrinações distantes, mas não pisas a poeira ou a lama, para auxiliar a família da periferia miserável.

Consomes horas intermináveis em oração, mas não usas o tempo para ouvir o amigo em desespero.

Renuncias aos prazeres normais do mundo, mas não favoreces a alegria de ninguém.

Entregas-te ao martírio do corpo, mas a tortura na penitência não alivia a dor alheia.

Carregas a cruz no percurso da romaria, mas não ofereces o ombro ao companheiro aflito.

Cumpres a promessa de sacrifício pessoal, mas não te dispões a ajudar o doente solitário.

～

Imaginas que o castigo do corpo seja instrumento de transformação espiritual e cultivas o sofrimento, pensando agradar a Deus. Contudo, são inúteis tais sacrifícios voluntários, quando não têm por objetivo o bem dos outros.

Vivendo o Evangelho ～ 141

72 - *Ajude*

Cap. V – 27

Diante da provação dolorosa, a única atitude plausível é a caridade

Fome?
Dê o alimento necessário.

Nudez?
Entregue a peça de roupa.

Dor?
Providencie o socorro.

Miséria?
Ajude no que puder.

Doença?
Colabore com o tratamento.

Desânimo?
Não negue o apoio.

Confusão?
Esclareça com discernimento.

Desespero?
Contribua com a paz.

Fraqueza?
Encoraje com amor.

Aflição?
Alivie com a fé.

∽

Deus corrige com justiça os deslizes do passado, contudo jamais deixa de socorrer com a misericórdia.

Seja você o instrumento desta bondade, mobilizando as lições do Evangelho em favor de quem sofre. Não importam as imperfeições que ainda o atormentam. O que importa é sua disposição de ajudar e servir.

O cáctus do deserto tem aspecto agressivo, mas o Senhor coloca dentro dele a água que salva.

73 - *Luz no caminho*

Cap. V – 27

Ajude o irmão que sofre, sem a observação que magoa.

∽

Mendigo à porta. Insistente.
Não questione. Atenda.

Doente grave. Rebelde.
Não se irrite. Socorra.

Irmão desesperado. Agressivo.
Não censure. Ajude.

Vivendo o Evangelho ∽ 143

Parente infeliz. Palpiteiro.
Não se aborreça. Auxilie.

Amigo em penúria. Arrogante.
Não critique. Apóie.

Companheiro triste. Revoltado.
Não reaja. Conforte.

Mãe de família aflita. Exigente.
Não faça inquérito. Ampare.

Familiar desorientado. Querelante.
Não discuta. Ame.

Seja a luz no caminho de quem se envolve na sombra da provação.

Diante do próximo que lhe roga o concurso, faça o que puder, releve qualquer mal-entendido e conserve sempre acesa a lâmpada da caridade.

74 - *Travessia*

Cap. V – 28

O romeiro faz longo trajeto.
Cobre-se de ferimentos.
Mas você não lhe corta os pés.
Anima-o a continuar no caminho.

O viajante sente-se mal no navio.
Passa por todo tipo de incômodo.
Mas você não o atira ao mar.
Auxilia-o a prosseguir a jornada.

O atleta esfalfa-se na maratona.
Tem dificuldades na respiração.
Mas você não lhe tapa o fôlego.
Ajuda-o a resolver o problema.

O réu cumpre a pena rigorosa.
Sofre o constrangimento da prisão.
Mas você não recomenda a fuga.
Ampara-o no resgate dos erros.

O lavrador caleja as mãos.
Padece sob o sol e a chuva.
Mas você não o desanima.
Estimula-o a esperar a colheita.

O corpo agonizante é a travessia para a dimensão espiritual.

Alivie com o recurso possível o desconforto do irmão que se despede da romagem terrestre, mas não alegue compaixão para lhe abreviar a vida, pois quem age assim desconhece a misericórdia de Deus, recua diante da aflição alheia e, mais do que amor ao próximo, o que tem é amor a si mesmo.

Vivendo o Evangelho 145

75 - *Campo de batalha*

Cap. V – 29

A vida é campo de batalha, onde muitos combatentes agem com intenções suicidas.

Estrada em reparos.
Sinalização abundante.
Motorista irresponsável.

Avenida movimentada.
Travessia perigosa.
Pedestre imprudente.

Conserto nas alturas.
Medidas de segurança.
Profissional relapso.

Enfermidade grave.
Tratamento indicado.
Paciente rebelde.

Mesa bem servida.
Cardápio variado.
Comensal glutão.

Festa entre amigos.
Balcão de bebidas.
Convidado sem limites.

Ambiente de ameaça.
Perigo de conflito.
Alguém provocador.

Convivência social.
Apelos de toda espécie.
Exageros e dependência.

Não há dúvida de que a experiência no corpo físico é luta constante, mas não use este campo de batalha para agredir a própria vida.

76 - *Perigo*

Cap. V – 30

Se a intenção é o bem do próximo, não se amedronte diante do perigo.

Doença grave?
Ajude o irmão.

Desastre ao lado?
Socorra o vizinho.

Cadeia pública?
Ampare o preso.

Ambiente hostil?
Auxilie o infeliz.

Bairro difícil?
Siga a assistência.

Atropelamento?
Colabore depressa.

Inundação?
Apóie o desabrigado.

Epidemia?
Assista o enfermo.

Acidente na estrada?
Aja rápido.

Conflito na rua?
Interceda pela paz.

Na seara do Evangelho, o maior perigo não é o mal que o cerca, mas o bem que você deixa de fazer.

77 - *Resignação*

Cap. V – 31

O exemplo espalha o perfume da resignação com que você vive.

⌇

Você trabalha com afinco.
Sustenta a família.
Não lamenta o suor.
É o exemplo da abnegação.

Você se priva de algum bem.
Atende à necessidade alheia.
Não cobra gratidão.
É o exemplo da caridade.

Você sacrifica a saúde.
Dedica-se à causa nobre.
Não espera reconhecimento.
É o exemplo da renúncia.

Você tem a doença difícil.
Faz o tratamento possível.
Não reclama do sofrimento.
É o exemplo da aceitação.

Vivendo o Evangelho ⌇ 149

Você recebe a ofensa.
Sofre em silêncio.
Não revida o ataque.
É o exemplo do perdão.

Você suporta o revés.
Passa por constrangimento.
Não disfarça o próprio erro.
É o exemplo da humildade.

Você socorre o próximo.
Tolera, consola, entende.
Não rejeita nenhum apelo.
É o exemplo do amor.

Em qualquer circunstância, seu exemplo de resignação será luz nos corações aflitos que lhe partilham a jornada.

Capítulo VI

O Cristo consolador

78 - *Confia em Jesus*

Cap. VI – 1 e 2

Há longo tempo trazes o coração apunhalado de tristezas.

❧

Choras a ausência do filho querido, que a morte te arrebatou ao convívio, transformando tuas horas em fardo pesado de angústias.

Carregas nos ombros doloridos a cruz de preocupações aflitivas, arrancando-te lágrimas copiosas, no silêncio das noites insones.

Lamentas a partida do companheiro que, embriagado de ilusões, atirou-se ao mar revolto das aventuras fáceis.

Padeces a enfermidade dolorosa que castiga teu corpo frágil e cansado, torturando-te os dias de convivência familiar.

Suportas o desespero da solidão, abandonado à própria sorte por muitos que te prometeram apoio e solidariedade.

Sentes o estilete cruel da ingratidão cortando-te as fibras mais íntimas, o veneno da calúnia arruinando-te a coragem, o fel da ironia amargurando-te o entusiasmo.

❧

Entretanto, apesar de todas as dores que te afligem o coração fatigado e oprimido, não te entregues ao desânimo ou à revolta.

Ao contrário, cultiva a esperança, ama, perdoa, trabalha e serve, sustentando a fé em Jesus. E, na hora mais difícil, quando tudo parecer perdido, lembra-te do Mestre Divino e Ele, que sempre esteve junto de ti, falar-te-á aos ouvidos da alma, com firmeza e doçura: "Não tenhas medo, estou aqui. Crê em Deus, crê em mim também".

79 - *Lembrando Jesus*

Cap. VI – 1 e 2

Se tens o coração machucado pela dor, não te desesperes.

❧

Sofres a enfermidade irreversível.

Carregas o fardo de provações dolorosas.

Enfrentas dificuldades familiares.

Suportas a angústia de conflitos íntimos.

E o sopro da morte ceifou-te a presença amiga do ente mais querido.

❧

Vivendo o Evangelho ❧ 153

Entretanto, por mais que os horizontes te pareçam cinzentos, não te entregues ao desespero e à tristeza.

Ergue aos céus os olhos úmidos de lágrimas e observa que a Misericórdia Divina está em toda parte.

A noite desce sobre o mundo com seu manto de escuridão e silêncio, mas a Bondade do Senhor recama o firmamento de estrelas cintilantes e, toda manhã, o sol se levanta em aurora deslumbrante, inundando de luz e alegria cada recanto da Terra.

A semente, que te parece morta e insensível, glorifica a vida, germinando na cova escura, da mesma forma que os galhos da árvore, ressequidos pelo vento gelado do inverno, cobrem-se de flores perfumadas, ao contato da brisa acariciante da primavera.

Abre, pois, teu coração aos influxos sublimes da Harmonia Divina, não permitindo que a nuvem da amargura e da desilusão te obscureça a intimidade.

E no momento que te sentires tentado a rogar a Deus que afaste de ti o cálice amargo, lembra-te de Jesus no Horto das Oliveiras e, como Ele, de alma repleta de esperança e fé, exclama com humildade e amor:

– Pai, que se cumpra em mim Tua vontade.

80 - *Consolação*

Cap. VI – 3 e 4

Jesus esteve com necessitados de diversa natureza e a todos ensinou, apontando o roteiro da renovação.

Esclareceu os egoístas.
E ensinou a caridade.

Confortou as decaídas.
E ensinou a vida nova.

Aconselhou os ladrões.
E ensinou a honradez.

Advertiu os adúlteros.
E ensinou a correção.

Elucidou os arrogantes.
E ensinou a humildade.

Dialogou com céticos.
E ensinou a força da fé.

Orientou os avarentos.
E ensinou o desapego.

Aliviou os sofredores.
E ensinou a esperança.

Vivendo o Evangelho

Recuperou os cegos.
E ensinou o valor da luz.

Reabilitou os fracos.
E ensinou a coragem.

Curou doentes aflitos.
E ensinou o equilíbrio.

Desaprovou impostores.
E ensinou a sinceridade.

Consolador prometido pelo Cristo, o Espiritismo também lida com diferentes imperfeições da alma e, à semelhança do Mestre Divino, semeia a consolação e ensina a essência do bem, mostrando que a felicidade autêntica nasce invariavelmente da transformação moral.

81 - *Jesus e Kardec*

Cap. VI – 3 e 4

São inúmeras as identificações entre o Cristianismo e o Espiritismo.

Jesus ensina a Boa Nova. Kardec vincula a Doutrina Espírita ao Evangelho.

Jesus anuncia o Reino de Deus. Kardec descortina o Mundo Espiritual.

Jesus proclama a imortalidade da alma. Kardec comprova a sobrevivência do Espírito.

Jesus opera milagres. Kardec explica a mediunidade.

Jesus cura possessos. Kardec estuda a obsessão.

Jesus rejeita a falsa virtude. Kardec convida ao aprimoramento íntimo.

Jesus combate o formalismo farisaico. Kardec abole o ritual no exercício da crença.

Jesus condena o fanatismo. Kardec define a fé raciocinada.

Jesus diz que é preciso nascer de novo. Kardec expõe a reencarnação.

Jesus afirma que há muitas moradas na Casa do Pai. Kardec refere-se à pluralidade dos mundos.

Jesus condiciona a salvação à prática do amor ao próximo. Kardec assevera que fora da caridade não há salvação.

⌒

Revivendo os ensinamentos do Cristo, o Espiritismo é na verdade o Cristianismo restaurado em sua pureza primitiva, livre das interpretações teológicas.

Jesus, pelo amor, traz Deus ao homem. Kardec, pela razão, leva o homem a Deus.

Vivendo o Evangelho ⌒ 157

82 - *Tira-dúvidas*

Cap. VI – 5

O Espiritismo conduz ao misticismo. Certo ou errado? Errado. A Doutrina Espírita estrutura-se na fé raciocinada, compreendendo para crer.

O Espiritismo alicerça-se no Evangelho. Certo ou errado? Certo. A Doutrina Espírita expõe o ensino moral, calcado nas lições de Jesus.

O Espiritismo é apenas Ciência. Certo ou errado? Errado. A Doutrina Espírita desenvolve experimentações científicas, sem renunciar aos aspectos filosóficos e religiosos.

O Espiritismo admite as vidas sucessivas. Certo ou errado? Certo.

A Doutrina Espírita explica, através da reencarnação, as disparidades no mundo, entendendo assim a justiça e a misericórdia de Deus.

158 ☞ *Antônio Baduy Filho / André Luiz*

O Espiritismo tem por fim a mediunidade. Certo ou errado? Errado.

A Doutrina Espírita sistematiza e disciplina o intercâmbio mediúnico, visando ao aprendizado e ao socorro.

O Espiritismo assenta-se na prática do bem. Certo ou errado? Certo.

A Doutrina Espírita faz da caridade instrumento de salvação.

O Espiritismo utiliza-se de rituais. Certo ou errado? Errado.

A Doutrina Espírita liga a criatura ao Criador sem a intermediação de sacerdotes, imagens ou símbolos.

O Espiritismo é o Consolador Prometido. Certo ou errado? Certo.

A Doutrina Espírita traz de volta o Evangelho em sua pureza original.

❧

Este simples tira-dúvidas é pequena amostra de que o Espiritismo cumpre a promessa de Jesus, lecionando e restabelecendo a verdade divina, a fim de que, nos dias de hoje, o conhecimento não seja frio por falta de amor e o amor não seja cego por falta de conhecimento.

Vivendo o Evangelho ❧ 159

83 - *Calvário libertador*

Cap. VI – 6

Suportaste a indiferença do companheiro, relegando-te ao abandono.

Sofreste a decepção com o amigo, abatendo-te o ânimo.

Perdeste o ente mais querido, deixando-te inconsolável.

Foste o alvo de comentário maldoso, fazendo-te infeliz.

Padeceste a incompreensão dos familiares, arrojando-te ao desespero.

Caíste na trama urdida pelo mal, enredando-te na confusão.

Acusaste o duro golpe da perfídia, minando-te a confiança.

Sentiste a lâmina afiada da maledicência, cortando-te a alma.

Aparaste os dardos venenosos da ironia, ferindo-te a sensibilidade.

Choraste em razão de ódios, ressentimentos, desprezo e mordacidade, atirados à tua face, lançando-te à intranquilidade.

Nessas horas de provações dolorosas, carregando o fardo da amargura, inclinas-te à inconformação e ao destempero.

Entretanto, antes que a revolta te envolva, pensa na Bondade Divina e prossegue amando e servindo, compreendendo e tolerando, na certeza de que, depois de Jesus, o calvário, com seu trajeto de dor e sofrimento, tornou-se o símbolo de resistência do bem, sinalizando que resignação e obediência a Deus levam ao caminho real para a conquista da paz e da felicidade.

84 - *Rico de amor*

Cap. VI – 6

O mundo tem ricos de variada natureza.

Ricos de dinheiro.
Desfrutam da fortuna material.
Mas não resistem às tentações do egoísmo.

Ricos de inteligência.
Alcançam prestígio na comunidade.
Mas se submetem às pressões do orgulho.

Ricos de talento.
Atingem as mais altas posições.
Mas se sujeitam aos apelos da vaidade.

Ricos de experiência.
Conquistam o respeito de seus pares.
Mas ficam expostos ao clima da arrogância.

Ricos de beleza.
Deslumbram nas passarelas e reuniões sociais.
Mas se entregam à cobiça e sensualidade.

Ricos de saúde.
Esbanjam resistência e disposição.
Mas se escravizam aos abusos desgastantes.

Ricos de poder.
Recebem a admiração do povo.
Mas resvalam no abismo da prepotência.

Os ricos do mundo, qualquer que seja a natureza de seu tesouro, têm responsabilidade perante a própria consciência, cabendo-lhes trabalhar pelo bem comum e vencer as imperfeições íntimas.

Quanto a você, esqueça o despeito contra a riqueza e, carregando seu fardo de provações, seja rico de amor para assistir os irmãos que padecem no caminho.

85 - *Receita espírita*

Cap. VI – 7

Paz na intimidade.
Compreensão na dor.
Paciência na provação.
Tolerância na convivência.
Caridade com todos.
Confiança em si mesmo.
Fé em Deus.
Entendimento em família.
Perdão das ofensas.
Calma na dificuldade.
Cumprimento do dever.
Alegria no trabalho.
Humildade no caminho.
Respeito aos outros.
Desprendimento na abundância.
Coragem na penúria.
Benevolência nas atitudes.
Ânimo na enfermidade.
Esperança na aflição.
Amor ao próximo.

Esta é a receita do Espiritismo para a conquista da felicidade.

Não é fácil, mas se você deseja seguir Jesus, buscando no Evangelho o roteiro de vida, é bom não confundir felicidade com facilidade.

86 - *O que interessa*

Cap. VI – 8

Observas tua tristeza.
Padeces a amargura.
Ainda assim, faz a alegria de alguém.

Notas tua hostilidade.
Sentes a irritação.
Ainda assim, age com brandura.

Recordas a agressão.
Guardas a mágoa.
Ainda assim, perdoa a ofensa.

Percebes tua intolerância.
Acusas impaciência.
Ainda assim, atende o importuno.

Choras a própria dor.
Estás infeliz.
Ainda assim, enxuga a lágrima alheia.

Vives sozinho.
Sofres o desamparo.
Ainda assim, alivia a solidão do outro.

Tens necessidades.

Suportas privações.

Ainda assim, socorre o irmão carente.

Não permitas que tuas dificuldades te impeçam o gesto de fraternidade. Conheces o Evangelho e já sabes que realmente o que interessa é o devotamento ao próximo.

Capítulo VII

Bem-aventurados os pobres de espírito

87 - *Humildade*

Cap. VII – 1 e 2

A falta de humildade transforma

o saber
em exibição;

a autoridade
em tirania;

a ciência
em arrogância;

o zelo
em ciúme;

o ensino
em imposição;

o esforço
em inveja;

a crença
em fanatismo;

o sucesso
em vaidade;

o favor
em exigência;

a obediência
em revolta;

a disciplina
em violência.

A humildade é essencial ao equilíbrio, ao progresso e à prática do bem. Sem ela, a própria beneficência se transforma em humilhação.

88 - *Gota de humildade*

Cap. VII – 3 e 4

Ainda não segues o Evangelho, mas pelo menos não ages com arrogância.

Não perdoas,
    mas não ofendes.

Não auxilias,
    mas não atropelas.

Não toleras,
    mas não gritas.

Não ajudas,
    mas não prejudicas.

Não encorajas,
    mas não desanimas.

Não compreendes,
    mas não julgas.

Não pacificas,
    mas não afliges.

Não amparas,
    mas não agrides.

Não alcanças,
    mas não invejas.

Não gostas,
    mas não desprezas.

Não concordas,
    mas não criticas.

Não constróis,
    mas não atrapalhas.

Esses pequenos gestos do cotidiano revelam teu esforço no bem e significam que já entendeste que é mais importante ter uma gota de humildade do que um oceano de orgulho.

89 - *Certeza*

Cap. VII – 4

Existem companheiros que buscam o privilégio antes do dever.

No trabalho,
fazem escolha.

Na assistência,
desejam o mando.

Na diretoria,
exigem o cargo.

Na assembleia,
ditam normas.

Na reunião,
impõem ideias.

Na campanha,
querem destaque.

No estudo,
tomam conta.

Na função,
exibem arrogância.

Na tarefa,
atropelam os outros.

Vivendo o Evangelho — 171

Na confraternização,
têm de aparecer.

Embora ligados à causa do Evangelho, ainda não
entenderam que a certeza de estar ao lado de Jesus é
servir sem qualquer exigência.

90 - *É bom lembrar*

Cap. VII – 5 e 6

Pratique a caridade,
mas abandone a exibição.

Trabalhe pela comunidade,
mas não exija privilégios.

Fale sobre o Evangelho,
mas dispense os holofotes.

Escreva acerca do bem,
mas fuja da ostentação.

Visite o enfermo,
mas não queira lisonja.

Dirija a instituição fraterna,
mas evite a autopromoção.

Seja o amparo da família,
mas desça do pedestal.

Ajude o próximo,
mas esqueça o andor.

❧

Há muito trabalhador do bem sequioso de atenção e aplauso, disputando os primeiros lugares.

Contudo, é bom lembrar que, um dia, Herodes detinha o trono no palácio suntuoso, mas o Caminho, a Verdade e a Vida estavam com o Cristo na cruz anônima.

91 - *Fé e orgulho*

Cap. VII – 7 a 10

Embora a incredulidade seja companheira da arrogância, há muitos orgulhosos que se arvoram em detentores da revelação divina.

❧

Oram a Deus,
mas impõem barganhas.

Cultivam a ideia religiosa,
mas são adeptos do fanatismo.

Vivendo o Evangelho ❧ 173

Propagam a fé que abraçaram,
mas agridem a opinião alheia.

Frequentam o templo preferido,
mas ironizam a crença do vizinho.

Buscam o auxílio espiritual,
mas exigem privilégios.

Defendem seu ponto de vista,
mas agem com prepotência.

Convivem com os irmãos de ideal,
mas se acham acima dos outros.

Assumem tarefas assistenciais,
mas praticam a intolerância.

Fé com orgulho resulta em combinação desastrosa, porque os orgulhosos que acreditam em Deus imaginam que Deus só acredita neles.

92 - *Exercícios de humildade*

Cap. VII – 11

Não imponha sua opinião.
Ouça o argumento oposto.

Não se irrite com a crítica.
Aproveite para considerar.

Não evite o menos favorecido.
Cumprimente-o com simpatia.

Não se revolte contra a doença.
Aceite a ocasião de disciplina.

Não afronte o adversário.
Tenha dignidade no triunfo.

Não deprecie o trabalho alheio.
Considere que tudo é oportuno.

Não despreze a ajuda do outro.
Agradeça o auxílio possível.

Não alimente superioridade.
O valor autêntico não se exalta.

⬱

Estas são algumas ocasiões de exercício da humildade.

Claro que é muito difícil ser humilde o tempo todo, mas se você consegue, pelo menos algumas vezes, contrariar seu orgulho, já é um bom começo.

Vivendo o Evangelho ⬱ 175

93 - *Não é fácil*

Cap. VII – 11

Sofreste acusação injusta.
O orgulho pede revolta.
A humildade, o silêncio.

Foste vítima de insulto.
O orgulho exige vingança.
A humildade, o perdão.

Amargaste o desrespeito.
O orgulho alimenta mágoa.
A humildade, a tolerância.

Recebeste a ofensa gratuita.
O orgulho sinaliza desforra.
A humildade, a paciência.

Cometeste o engano infeliz.
O orgulho induz em teimosia.
A humildade, em retificação.

Acumulaste fortuna e poder.
O orgulho aconselha egoísmo.
A humildade, o desapego.

Tiveste a confiança traída.
O orgulho recomenda revide.
A humildade, a indulgência.

Sentiste o golpe da calúnia.
O orgulho impõe o ódio.
A humildade, o amor.

🙢

A humildade é companheira da caridade na conquista do crescimento espiritual, razão pela qual é importante vencer a arrogância, para não te atrasares no caminho da evolução.

Não é fácil mesmo ser humilde, mas ser orgulhoso é mais complicado.

94 - *Respeito a Kardec*

Cap. VII – 11

A Doutrina Espírita sofre agressões a seus princípios, em virtude da ação insensata de seguidores incautos.

🙢

Dirigentes rendem-se ao culto da personalidade e fogem ao bom senso, semeando aflição e insegurança no meio doutrinário.

Intelectuais cultivam superioridade arrogante, constrangendo companheiros e embaraçando instituições.

Vivendo o Evangelho 🙢 177

Voluntários nas atividades assistenciais trocam a humildade de servir com dedicação pelo orgulho de servidores exigentes, perturbando o trabalho solidário em favor dos necessitados.

Escritores e psicógrafos permutam a prudência do aprendizado seguro e paciente pela vaidade apressada, publicando páginas de conteúdo infiel à Codificação Espírita.

Médiuns curadores barganham a prece simples com recursos fluídicos pelo exibicionismo onipotente, prometendo curas impossíveis e desviando enfermos do tratamento correto.

Irmãos, situados nas áreas de pesquisa, menosprezam as lições do Evangelho e deixam-se envolver pelas teorias científicas da época, úteis e preciosas, mas por natureza renováveis na marcha da evolução.

Doutrinadores esquecem a palavra fraterna e consoladora, assumindo a posição de censores e dificultando a paz daqueles que lhes buscam a orientação e o socorro.

Jovens interpretam a seu modo a transformação moral, seguindo condutas em desacordo com a realidade do Espírito.

Essas distorções nascem, muitas vezes, em centros de estudos respeitáveis, onde os adeptos fazem a leitura da Codificação Kardequiana, moldando-a às próprias ideias e apregoando conclusões incompatíveis com os princípios doutrinários.

O espírita tem a liberdade de pensar o Espiritismo e oferecer a colaboração de suas reflexões, mas convém que não esqueça o respeito a Kardec.

95 - *Sinais de arrogância*

Cap. VII – 12

O orgulho transforma as melhores intenções em realidades desastrosas. Ainda quando desejas fazer o bem, a arrogância atrapalha.

Ofereces ajuda,
 mas revelas superioridade.

Dás a esmola,
 mas não evitas o desprezo.

Ouves o infeliz,
 mas não ocultas a apatia.

Visitas o doente,
 mas conservas distância.

Trabalhas na assistência,
 mas exiges privilégios.

Fazes a doação,
mas queres reconhecimento.

Atendes o sofredor,
mas não desces do pedestal.

Estás no grupo de auxílio,
mas rejeitas a tarefa menor.

Cultivas o ideal de servir,
mas alimentas a competição.

Participas da instituição religiosa,
mas reclamas os primeiros lugares.

～

Se te encontras no caminho da renovação íntima à luz do Evangelho, combate com rigor os sinais de arrogância, a fim de que ela não interfira no exercício da fé, pois o orgulhoso, embora pareça aceitar a vontade divina, na verdade pensa que Deus está à sua disposição.

96 - *Sinal de inteligência*

Cap. VII – 13

As academias do mundo estão repletas de expoentes da inteligência.

～

Teorizam sobre a gênese da vida.

Expõem a intimidade das moléculas.

Pesquisam os detalhes do átomo.

Auscultam a pulsação do Universo.

Formulam equações matemáticas.

Interpretam a história dos povos.

Analisam a intimidade de galáxias.

Impulsionam as bases da tecnologia.

Elaboram sistemas filosóficos.

Revolucionam conceitos da literatura.

Engrandecem o exercício das artes.

Sintetizam substâncias importantes.

Descobrem a cura de enfermidades.

Estudam preservação do meio ambiente.

Investigam origens de culturas seculares.

Rastreiam as civilizações mais antigas.

Alcançam invenções surpreendentes.

Descortinam o segredo dos oceanos.

Conquistam o espaço mais longínquo.

❧

Trabalham em favor de todos, mas a cegueira do orgulho não lhes permite enxergar no próprio talento a presença da Bondade Divina.

Apesar de admirados pelos dotes intelectivos, na verdade ainda lhes falta o mais importante sinal de inteligência, que é reconhecer com humildade que todo bem procede de Deus.

Vivendo o Evangelho ❧ 181

Capítulo VIII

Bem-aventurados aqueles que têm puro o coração

97 - *Comece agora*

Cap. VIII – 1 a 3

Converse,
  mas não critique.

Comente,
  mas não malicie.

Relate,
  mas não ironize.

Eduque,
  mas não agrida.

Ensine,
  mas não violente.

Ajude,
  mas não humilhe.

Conheça,
  mas não ostente.

Aconselhe,
  mas não obrigue.

Perdoe,
  mas não imponha.

Atenda,
  mas não se irrite.

Dirija,
mas não tiranize.

Sofra,
mas não reclame.

Vença,
mas não despreze.

Ame,
mas não condicione.

A pureza de coração não se adquire de uma hora para outra, acompanha a evolução espiritual na viagem dos séculos e resulta do aperfeiçoamento íntimo. Contudo, nada impede que comece agora.

98 - *Filho de Deus*

Cap. VIII – 2 a 4

A criança sente proteção em casa. O homem de fé ampara-se na Providência.

A criança tem tudo a conhecer. O homem de fé sabe que precisa evoluir.

A criança aprende as regras de conduta. O homem de fé acata as leis divinas.

A criança confia nos pais. O homem de fé entrega-se a Deus.

A criança supera dificuldades no aprendizado.

Vivendo o Evangelho ✒ 185

O homem de fé vence obstáculos no aperfeiçoamento íntimo.

A criança é ingênua. O homem de fé é simples.

A criança vive sem maldade. O homem de fé procura o caminho do Bem.

A criança é naturalmente feliz. O homem de fé cultiva a alegria de servir.

A criança é frágil. O homem de fé é humilde.

A criança é a promessa dos dias vindouros. O homem de fé é o candidato à evolução espiritual.

Criança e homem de fé realmente se assemelham. Jesus tomou a infância como símbolo de pureza do coração, entendendo que a criança é o filho que deposita confiança nos pais, atende suas recomendações, reconhece-lhes o valor, obedece aos ditames da disciplina e do estudo e é submisso ao esforço constante do crescimento integral.

Para alcançar o reino dos céus, o homem tem que agir da mesma forma, abandonar a crença orgulhosa de que é o rei da Criação e assumir definitivamente a condição de filho de Deus.

99 - *Ideia do Bem*

Cap. VIII – 5 a 7

Perdão –
desfaz a mágoa.

Esperança -
detém o desespero.

Calma -
neutraliza a cólera.

Paciência -
dilui a intolerância.

Paz -
distancia a irritação.

Discernimento -
previne o sofisma.

Equilíbrio -
afasta a leviandade.

Fé -
enfraquece a aflição.

Caridade -
impede o egoísmo.

Amor -
desmoraliza o ódio.

A ideia do bem é força divina que se contrapõe às tendências inferiores e será sempre, em qualquer circunstância, o antídoto certo para o veneno do mal.

100 - *Por fora*

Cap. VIII – 8

As manifestações exteriores na vivência religiosa nem sempre correspondem à realidade interior. Você cumpre formalidades, mas esquece o aperfeiçoamento íntimo.

Obedece ao jejum. E não se abstém da maledicência.

Ajoelha para rezar. E não dobra o próprio orgulho.

Testemunha a fé em público. E vacila na hora da provação.

Repete orações. E acha difícil perdoar de novo.

Faz sacrifícios físicos. E não elimina o egoísmo.

Paga promessas. E não se compromete com a humildade.

Participa de romarias. E não visita o doente solitário.

Acende velas. E não se ilumina.

Religião é escola para a evolução do Espírito.

Cuide, pois, da transformação moral, a fim de que sua atitude religiosa não seja como a bolha de sabão, reluzente por fora, mas vazia de conteúdo e de existência fugaz.

101 - *Atitude íntima*

Cap. VIII – 9 e 10

Fale com elegância, mas exponha ideias sadias.
No quadro, a moldura não responde pela arte.

❧

Escreva com estilo, mas desenvolva o tema nobre.
No móvel, o verniz não indica a qualidade da madeira.

❧

Aprecie a forma literária, mas não esqueça o conteúdo.
A beleza da flor não substitui a essência do perfume.

❧

Professe sua religião, mas cultive a religiosidade.
O rótulo não é a substância guardada na embalagem.

❧

Dê esmola a quem lhe cruze o caminho, mas tenha caridade.
A pintura é apenas simples revestimento da parede.

❧

Vivendo o Evangelho ❧ 189

Não confunda ato exterior com atitude íntima. Não se pode amar de verdade, se o coração está distante, impregnado de egoísmo.

Melhore, pois, o mundo interior, seguindo os ensinamentos de Jesus, para que sua mudança de vida seja autêntica, certo de que o fruto realmente amadurece de dentro para fora.

102 - *Ramos perturbadores*

Cap. VIII – 11 a 17

Mágoa.

Lascívia.

Vingança.

Inveja.

Ódio.

Orgulho.

Egoísmo.

Melindre.

Mesquinhez.

Leviandade.

Mentira.

Comodismo.

Irritação.

Agressividade.

Indiferença.

Esperteza.

Desonestidade.

Prepotência.

Rancor.

Vaidade.

Nenhuma destas situações constitui escândalo na acepção comum da palavra.

Entretanto, no sentido do Evangelho, são ramos perturbadores na árvore do Espírito, cuja única solução, sem margem de dúvida, é a tesoura do esforço e a poda da renovação.

103 - *Jesus te chama*

Cap. VIII – 18

Guardas a mágoa,
mas o caminho é perdão.

Arquitetas a discórdia,
mas a solução é harmonia.

Cultivas o egoísmo,
mas o roteiro é caridade.

Semeias o conflito,
mas o objetivo é paz.

Manténs o orgulho,
mas a bússola é humildade.

Alimentas a intolerância,
mas o remédio é paciência.

Espalhas o pessimismo,
mas o que vale é esperança.

Apregoas o ódio,
mas só o amor resolve.

Não recuses o apelo divino para o aprendizado do bem.

É verdade que ainda não trazes o coração puro e tua vida está repleta de imperfeições, mas Jesus te chama ao convívio do Evangelho para que te entregues com perseverança ao esforço da transformação moral.

104 - *Compromisso espírita*

Cap. VIII – 19

Conheces o Espiritismo e admiras a consistência de seus ensinamentos.

Estudas a reencarnação e compreendes que as desigualdades de toda espécie são estágios evolutivos no aprendizado do Espírito.

Pesquisas a mediunidade e situas no domínio das leis da Natureza os fenômenos que outrora consideravas sobrenaturais.

Encontras a fé raciocinada e alcanças maior entendimento quanto ao Código Divino, alicerçando a crença em Deus no território da razão.

Contatas a dimensão espiritual e percebes, com toda a clareza, que o fio da vida não se interrompe no silêncio do túmulo.

Examinas as relações entre os mundos visível e invisível e concluis que não existem fronteiras para a convivência dos vivos com os chamados mortos.

Analisas o edifício doutrinário erguido sobre a lógica e o bom senso e enxergas a lição espírita como rasgo de luz no pensamento filosófico.

Surpreendes a ciência espiritista comprovando a sobrevivência da alma ao corpo perecível e reconheces que a imortalidade deixou de ser esperança para se tornar realidade palpável.

❧

Não há dúvida de que o Espiritismo revolucionou o Conhecimento Humano, mas não esqueças que a Religião dos Espíritos é também fonte permanente de consolo e paz, revivendo o Evangelho de Jesus. Por mais alto que tenhas escalado a montanha do saber, não

Vivendo o Evangelho ❧ 193

negues descer ao vale da amargura, onde a aflição e o sofrimento esperam por teu concurso amigo.

O espírita tem compromisso com a caridade e se te envolves apenas com a cultura doutrinária, distante do amor ao próximo, podes até ser o farol brilhante que orienta e esclarece, mas não tens a virtude do lampião humilde que penetra o barraco escuro da miséria e ilumina o sorriso do irmão necessitado, diante do pão que alivia a fome e do abraço fraterno que conforta.

105 - *A pior cegueira*

Cap. VIII – 20

Há muita gente que enxerga a provação, mas não vê a oportunidade de ajudar.

Enxerga a miséria,
    mas não vê o auxílio.

Enxerga a fome,
    mas não vê o socorro.

Enxerga a doença,
    mas não vê o alívio.

Enxerga o tormento,
    mas não vê a solução.

Enxerga o desajuste,
mas não vê o recurso.

Enxerga o fracasso,
mas não vê o incentivo.

Enxerga o desespero,
mas não vê o consolo.

Enxerga a solidão,
mas não vê o apoio.

Enxerga o abandono,
mas não vê o conforto.

Enxerga o desânimo,
mas não vê o estímulo.

Enxerga o sofrimento,
mas não vê o lenitivo.

Enxerga o infortúnio,
mas não vê o amparo.

A privação da vista é prova dolorosa, cujas raízes remontam ao passado de dívidas.

Contudo, a pior cegueira é aquela que impede a visão da caridade, porque você enxerga o próximo em desvantagem e não vê o bem que lhe pode fazer.

106 - *Passado no presente*

Cap. VIII – 21

Sofreste o acidente,
apesar da prudência.

Adquiriste a doença,
apesar do zelo à saúde.

Colecionaste insucessos,
apesar do trabalho correto.

Suportaste antipatias,
apesar da falta de motivo.

Recebeste a condenação,
apesar da inocência.

Tiveste o filho doente,
apesar dos cuidados.

Perdeste a oportunidade,
apesar do esforço.

Amargaste o desprezo,
apesar do devotamento.

Encontraste a violência,
apesar do anseio de paz.

Colheste a incompreensão,
apesar da boa vontade.

❦

A dor que te aflige agora, sem causa na existência atual, é a reencarnação cobrando os débitos que deixaste para trás, em outras vidas.

É o desvio do passado, exigindo o resgate necessário, apesar da lisura do presente.

Capítulo IX

Bem-aventurados aqueles que são brandos e pacíficos

107 - *Melhor escolha*

Cap. IX – 1 a 4

A palavra rude te escapou dos lábios, sem que pudesses evitar.

O verbo descaridoso irrompeu, sem que pudesses reprimir.

O gesto de impaciência surgiu, sem que pudesses conter.

A frase irônica te invadiu a fala, sem que pudesses barrar.

A intolerância te dominou, sem que pudesses escapar.

A violência te conquistou, sem que pudesses fugir.

A atitude agressiva te subjugou, sem que pudesses disfarçar.

A irritabilidade apareceu, sem que pudesses resistir.

A cólera te embaçou a visão, sem que pudesses impedir.

Coisas assim te acontecem no dia a dia, principalmente entre os íntimos, no reduto familiar, e por isso te entregas ao remorso e à dor.

Entretanto, não te desanimes diante do esforço de transformação moral, na certeza de que a melhor escolha é sempre o caminho do bem.

108 - *Esforço*

Cap. IX – 1 a 4

Realmente não é fácil manter

a calma,
quando te ofendem;

a compreensão,
quando te atacam;

a paciência,
quando te alfinetam;

o equilíbrio,
quando te afligem;

a moderação,
quando te instigam;

a brandura,
quando te hostilizam;

a paz,
quando te agridem;

a mansidão,
quando te provocam;

a benevolência,
quando te desacatam;

a gentileza,
quando te ironizam;

Vivendo o Evangelho ✑ 201

a humildade,
  quando te oprimem;

o silêncio,
  quando te injuriam;

a harmonia,
  quando te ameaçam.

Não há dúvida de que é difícil sustentar, durante todo o tempo, a afabilidade e a mansuetude, quando ainda te sentes imperfeito e frágil, cercado de maldades e abusos. Contudo, o que faz a diferença é teu esforço na transformação moral.

109 - *Um dia*

Cap. IX – 1 e 5

Malfeitor ataca.
Egoísta toma.
Tirano domina.
Esperto engana.
Prepotente impõe.
Mentiroso confunde.
Pródigo desperdiça.
Agressor fere.
Usurário explora.
Leviano prejudica.
Maldoso aflige.

Intrigante magoa.
Cínico tortura.
Invejoso destrói.
Invasor arrasa.

Ninguém contesta que o mundo ainda pertence aos violentos e oportunistas, sem qualquer compromisso com o bem.

Entretanto, a Doutrina Espírita ensina que, através da evolução em sucessivas existências, um dia eles serão brandos e pacíficos, filhos de Deus que possuirão a Terra, comprometidos com o amor e a caridade, trabalhando e servindo para que o forte ampare o fraco e a felicidade seja de todos.

110 - *Afabilidade*

Cap. IX – 6

Respeite a opinião alheia, mas conserve os próprios princípios.

Evite a discussão familiar, mas não seja cúmplice do erro.

Releve a provocação, mas não perca o respeito por si mesmo.

Vivendo o Evangelho 🙢 203

Converse com polidez, mas não despreze a verdade.

Cultive a gentileza, mas não aja com hipocrisia.

Tenha compaixão, mas não se esqueça do bom senso.

Fortaleça o ânimo, mas não alimente falsas esperanças.

Ajude o próximo, mas conheça seus limites.

Faça todo o possível para viver a fraternidade pura, em qualquer situação, sem apelos a expedientes artificiais.

A afabilidade é compromisso com o amor autêntico e não simples regra de etiqueta.

111 - *Ano Novo*

Cap. IX – 7

Chegaste ao final de ano, trazendo o coração carregado de angústias. Sob o céu iluminado pelos fogos de artifício e ao embalo das canções festivas, não pudeste evitar as lembranças infelizes.

O ente querido, levado pela morte.
O familiar mergulhado na irresponsabilidade.
O filho amado, indiferente a teu carinho.
O parente acometido pela enfermidade irreversível.
O companheiro tragado pelos vícios.
O amigo atirado à penúria e ao abandono.

Recordaste cada instante de dor e, entre sorrisos e abraços, não pudeste conter o soluço de saudade e de aflição. Lamentaste os ausentes. Choraste os que se ergueram contra ti. Sofreste pelos que não te entenderam as intenções mais nobres.

Sentiste o punhal da amargura, cortando-te a alma combalida. E vislumbrando, em novo ano, outra etapa de desilusões e sofrimento, sucumbiste ao fardo do desânimo e do desespero.

Entretanto, apesar das provações dolorosas que a vida te reserva, enxerga no Ano Novo a oportunidade renovada de aprendizagem e de experiência.

É verdade que teus olhos estão vermelhos de pranto; que teus ombros estão vergados ao peso do infortúnio; que tuas mãos estão trêmulas de cansaço e de angústia. É verdade que tuas lágrimas são o testemunho vivo da tristeza que te consome.

Contudo, arma-te de fé e de coragem e, buscando em Jesus a inspiração e o apoio, não permitas que teus pés errem o caminho do bem.

Vivendo o Evangelho ✎ 205

Tem paciência contigo, para que não percas a calma.

Reconhece tuas limitações, para que não te falte a tolerância.

Perdoa teus momentos de fraqueza, para que não fujas à benevolência.

Ajudando-te a ti mesmo, ajuda também os que estão à tua volta, amando e servindo, compreendendo e perdoando, na certeza de que todo gesto de doação é, na essência, auxílio ao próprio doador.

E, no limiar de cada Ano Novo, fortalece tua esperança em Jesus, deixando que a voz meiga e amorável do Mestre Divino te repita, ao coração ansioso, as palavras inesquecíveis: "Amai-vos uns aos outros, como eu vos amei".

112 - *Inconformação*

Cap. IX – 8

O trabalho dignifica,
  mas você não gosta.

O perdão alivia,
  mas você rejeita.

A caridade aproxima,
mas você não quer.

O equilíbrio acalma,
mas você recusa.

A paz harmoniza,
mas você não aceita.

A humildade facilita,
mas você abomina.

A fé encoraja,
mas você não crê.

A esperança anima,
mas você duvida.

A concórdia resolve,
mas você não tolera.

O amor é essencial,
mas você contesta.

∽

O Evangelho aponta a receita do bem, mas você não se conforma com a resignação e a obediência às leis divinas.

Vivendo o Evangelho ∽ 207

113 - *Depende de você*

Cap. IX – 9

A ofensa incomoda?
Aplique o esquecimento.

A humilhação tortura?
Alivie com indulgência.

O desgosto machuca?
Utilize o entendimento.

A derrota deprime?
Aceite seus limites.

A frustração irrita?
Use o discernimento.

O engano condena?
Tente o recomeço.

O desprezo magoa?
Prove a compreensão.

A dificuldade aflige?
Resolva com trabalho.

A decepção desanima?
Retempere a coragem.

A violência domina?
Acredite na brandura.

Antes que a explosão aconteça, desative a bomba da cólera, evitando as situações que detonam a raiva destruidora. A paz depende de você.

114 - *Renovação interior*

Cap. IX – 10

Não é o revólver que mata, mas o ódio de quem atira.

Não é a boca que ofende, mas a cólera de quem fala.

Não é o veículo que atropela, mas a imprudência de quem dirige.

Não é a mão que esmurra, mas a raiva de quem bate.

Não é a caneta que falsifica, mas vontade de quem escreve.

Não é o pé que agride, mas a fúria de quem escoiceia.

Não é o porrete que dilacera, mas a revolta de quem ataca.

Não é o olho que bisbilhota, mas a maldade de quem enxerga.

Vivendo o Evangelho

Não é a pedra que machuca, mas a violência de quem arremessa.

Não é a língua que engana, mas a intenção de quem mente.

～

Inútil dizer que o corpo é o responsável pelas imperfeições morais, ele é só instrumento dos anseios do Espírito.

Orienta, pois, teus passos no caminho do bem e, inspirado pelas lições de Jesus, busca a renovação interior, recordando que o corpo atende aos reclamos da alma, da mesma forma que o machado é obediente aos movimentos do lenhador.

Capítulo X

Bem-aventurados aqueles que são misericordiosos

115 - *Perdoe*

Cap. X – 1 a 4

A terra perdoa a tortura do arado e torna-se fonte de alimentos.

O ferro perdoa a tortura do cadinho e torna-se aço resistente.

O diamante perdoa a tortura da lapidação e torna-se gema preciosa.

O mármore perdoa a tortura do cinzel e torna-se escultura primorosa.

A pedreira perdoa a tortura da marreta e torna-se pedra útil.

A lama perdoa a tortura do oleiro e torna-se cerâmica admirável.

A madeira perdoa a tortura da serra e torna-se móvel apreciado.

O tecido perdoa a tortura da tesoura e torna-se roupa formosa.

O ouro perdoa a tortura do ourives e torna-se joia nobre.

O prego perdoa a tortura do martelo e torna-se apoio da segurança.

Qualquer ofensa é sempre uma tortura, mas se você consegue perdoá-la, torna-se companheiro de Jesus.

116 - *É perdão*

Cap. X – 5 e 6

Mágoa adoece.
Perdão recupera.

Aversão envenena.
Perdão desintoxica.

Vingança destrói.
Perdão restaura.

Perseguição fere.
Perdão cicatriza.

Rancor perturba.
Perdão equilibra.

Melindre aflige.
Perdão alivia.

Ofensa irrita.
Perdão acalma.

Desprezo humilha.
Perdão exalta.

Intolerância agrava.
Perdão facilita.

Vivendo o Evangelho

Raiva agride.
Perdão conforta.

É perdão a melhor escolha, pois revela esforço de elevação íntima, além de ser poderoso antídoto contra a intoxicação do mal.

117 - *Adversário errado*

Cap. X – 7 e 8

Orgulho.
Vaidade.
Egoísmo.
Cólera.
Ciúme.
Inveja.
Irritação.
Intolerância.
Violência.
Ironia.
Intriga.
Ressentimento.
Mentira.
Hipocrisia.
Prepotência.

Essas tendências são adversárias do bem e merecem ser combatidas. Contudo, se depois de lutar contra elas voltas a lhes buscar a companhia, é certo que não atendes a recomendação de Jesus, porque esta reconciliação é com o adversário errado.

118 - *Apesar dos defeitos*

Cap. X – 9 e 10

Analisando a ti mesmo, descobres a multidão de defeitos.

❦

Diagnosticas o orgulho.

Percebes o egoísmo.

Notas a intolerância.

Relacionas a impaciência.

Referes a irritação.

Observas a mágoa.

Registras o ódio.

Mostras o comodismo.

Evidencias a mesquinhez.

Apontas a incompreensão.

❦

Sentindo-te mergulhado num poço de vícios, perguntas como podes ajudar o próximo, se carregas tantas imperfeições. Contudo, tens o compromisso da

Vivendo o Evangelho ❧ 215

reforma íntima e quem precisa de ti não questiona se já atingiste a santidade, nem Jesus exige a condição de anjo para trabalhares na sementeira do bem.

Por isso, apesar de teus defeitos, ajuda e serve sempre, na certeza de que se não és ainda um sol de virtudes, já está muito bom que sejas por enquanto simples lamparina de boa vontade.

119 - *Crítica e julgamento*

Cap. 10 – 11 a 13

Ladrões.
Sequestradores.
Homicidas.
Falsários.
Corruptos.
Estupradores.
Incendiários.
Pistoleiros.
Difamadores.
Terroristas.
Malfeitores de toda espécie.

Não há dúvida quanto ao julgamento desses infratores em débito com a lei.

A assertiva de Jesus de que não deves julgar para

não seres julgado diz respeito àquelas imperfeições que ainda frequentam a bagagem evolutiva de todos, mas que fazes questão de desculpar em ti mesmo e apontar com severidade na conduta dos outros. Claro que esses defeitos merecem igualmente análise e correção. De tua parte, esforça-te por superá-los, buscando o roteiro do Evangelho.

Contudo, se tiveres de opinar sobre o comportamento alheio, usa o discernimento e a indulgência, recordando que a crítica e o julgamento têm muita semelhança com a pedra que tanto pode ser atirada para ferir, como também serve de alicerce para a construção nobre.

120 - *Perdão de cada dia*

Cap. X – 14

São muitas as possibilidades de exercício do perdão nas situações mais corriqueiras da vida diária, tais como:

> brincadeira de mau gosto;
> desatenção do amigo;
> hipocrisia do parente;
> chacota do companheiro;
> rispidez do chefe;
> hostilidade do colega;

Vivendo o Evangelho ✏ 217

mau humor do marido;
irritação da esposa;
impertinência do filho;
mesquinhez do irmão;
negligência do balconista;
desrespeito do genro;
implicância da sogra;
inconveniência do vizinho;
destempero verbal no trânsito;
agressividade gratuita.

❧

É verdade que o mérito do perdão é tanto maior quanto mais grave o ataque à dignidade do ofendido. Contudo, não te esqueças da desculpa simples e anônima às pequenas ofensas.

Apoia-te nas lições de Jesus e aprende a exercitar o perdão de cada dia para as faltas daqueles que te partilham a convivência.

A planta não dispensa a chuva abundante na estação apropriada, mas agradece da mesma forma o sereno de cada noite.

121 - *Proteção*

Cap. X – 15

A lama respinga.
Você se limpa.

A doença agride.
Você se trata.

A chuva molha.
Você se enxuga.

O inseto incomoda.
Você se protege.

A epidemia ameaça.
Você se vacina.

O frio ataca.
Você se agasalha.

O cheiro perturba.
Você se defende.

A escuridão aflige.
Você se acautela.

A ventania fustiga.
Você se previne.

A poeira prejudica.
Você se resguarda.

Em todas essas situações você neutraliza o mal com rapidez. Faça o mesmo com a mágoa que nasce da agressão gratuita. Esqueça logo as ofensas do caminho, na certeza de que o perdão não é só virtude, é também tratamento.

Vivendo o Evangelho ~ 219

122 - *Não confunda*

Cap. X – 16

Não critique,
    mas ajude.

Não censure,
    mas corrija.

Não julgue,
    mas aconselhe.

Não condene,
    mas socorra.

Não repreenda,
    mas ensine.

Não acuse,
    mas esclareça.

Não reprove,
    mas explique.

Não desmereça,
    mas encoraje.

Não incrimine,
    mas auxilie.

Não discuta,
mas resolva.

Não seja juiz do próximo, mas faça alguma coisa em favor dele, tendo a sinceridade de não confundir a virtude da indulgência com a esperteza do comodismo.

123 - *Em casa*

Cap. X – 17

Pratique em casa o exercício da indulgência.

Pai grosseiro?
Não censure.
Tolere.

Mãe apática?
Não recrimine.
Dialogue.

Esposa difícil?
Não exija.
Ampare.

Marido inábil?
Não critique.
Oriente.

Filho rebelde?
Não discuta.
Aconselhe.

Irmão hostil?
Não julgue.
Entenda.

Parente ingrato?
Não condene.
Ajude.

Tolerância nas reuniões sociais, suportando até mesmo exageros, pode ser simples conveniência, mas na intimidade do lar, onde cada um se mostra como é, sem o verniz das regras de etiqueta, a indulgência com a família significa que você realmente está com Jesus e superou as aparências.

124 - *Mais fácil*

Cap. X – 18

Anote como você age em relação ao próximo e a si mesmo.

Exige o cumprimento do horário, mas não administra o próprio tempo.

Critica a mesa alheia, mas não controla a própria dieta.

Ironiza a escolha do amigo, mas não reconhece o próprio mau gosto.

Magoa-se com a má resposta, mas não vê a própria grosseria.

Impõe normas de disciplina, mas não segue as próprias regras.

Censura o desvio de alguém, mas não percebe a própria falha.

Nota a desarmonia do vizinho, mas não garante a própria paz.

Observa a cólera do irmão, mas não segura a própria raiva.

Destaca a negligência do colega, mas não se afasta do comodismo.

Condena o comportamento do companheiro, mas não analisa a própria conduta.

∽

A falta de indulgência com o próximo é o recurso que você usa para fugir à responsabilidade da transformação moral, pois é mais fácil apontar os erros dos outros do que admitir os próprios defeitos.

Vivendo o Evangelho ∽ 223

125 - *Pode, sim*

Cap. X – 19

Observe os detalhes de algumas situações no cotidiano.

Na equipe de esporte, o técnico alerta, mas o atleta está desatento.
A repreensão é conveniente.

Na família normal, os pais se dedicam, mas o filho é rebelde.
A repreensão é importante.

Na escola de valor, o professor ensina, mas o aluno é relapso.
A repreensão é útil.

No clube de lazer, os sócios descansam, mas o convidado é incômodo.
A repreensão é cabível.

Na cerimônia festiva, o povo se diverte na praça, mas há pessoa sem escrúpulo.
A repreensão é necessária.

No trânsito perigoso, o guarda se mantém vigilante, mas o motorista é afoito.
A repreensão é indispensável.

Ninguém é perfeito, mas tem o dever de resguardar o bem.

Você pode, sim, apontar o defeito de alguém, desde que sua intenção seja evitar o mal a ele e ao meio em que vive, à semelhança do médico que mostra a doença ao paciente, não por maldade, mas para lhe propor o benefício da cura.

126 - *O que convém*

Cap. X – 20

Diante da imperfeição do outro, não é difícil saber o que convém a você.

Alguém é arrogante.
Humilha o próximo.
Causa sofrimento.
Convém a humildade.

O irmão é egoísta.
Nega o auxílio.
Ocasiona a dor.
Convém a caridade.

O amigo é colérico.
Provoca o conflito.
Constrange a família.
Convém a calma.

Vivendo o Evangelho 225

O colega é revoltado.
Rejeita seus limites.
Ataca o êxito alheio.
Convém a aceitação.

O vizinho é violento.
Usa de agressividade.
Provoca dissabores.
Convém a brandura.

O outro é rancoroso.
Não abandona o ódio.
Coleciona inimigos.
Convém a fraternidade.

Evite propagar os defeitos do próximo, mas não faça de conta que não existem. Convém controlar a língua e aguçar a observação, pois divulgar as imperfeições dos outros é falta de caridade, mas não aprender com elas é falta de bom senso.

127 - *É preciso*

Cap. X – 21

O sentimento de caridade recomenda o silêncio perante as imperfeições alheias, mas há momentos em que é preciso anotar o equívoco de companheiros quanto ao conteúdo da Codificação Kardequiana.

∽

Companheiro diretor. Personalista e autoritário. Tem conduta infeliz na entidade. É preciso revelar.

Companheiro médium. Rebelde à disciplina. Recebe comunicações confusas. É preciso apontar.

Companheiro orador. Traz ideia errônea no discurso. Transmite ensinamento distorcido. É preciso dizer.

Companheiro jornalista. Escreve artigo tendencioso. Espalha informação falsa. É preciso esclarecer.

Companheiro de assistência. Escravo da superstição. Influencia os assistidos. É preciso impedir.

Companheiro editor. Intenta publicação duvidosa. Há risco de conflito no meio. É preciso evitar.

Companheiro passista. Refratário à atitude correta. Realiza gestos teatrais. É preciso corrigir.

Companheiro doutrinador. Cultiva opinião própria. Orienta sem critério doutrinário. É preciso mostrar.

∽

Em tais circunstâncias, o prejuízo não é apenas de quem o provoca, razão pela qual é caridade legítima desfazer o engano de alguém para garantir o equilíbrio e a paz de todos.

Vivendo o Evangelho ∽ 227

Capítulo XI

Amar o próximo como a si mesmo

128 - *Não é impossível*

Cap. XI – 1, 2 e 4

Dizes que muitas vezes é impossível amar.

Conheces a recomendação de Jesus quanto ao amor ao próximo. Tua alma, porém, se cobre de amargura diante de acontecimentos revoltantes.

        Assalto.

        Sequestro.

        Estupro.

        Violência.

        Tortura.

        Espancamento.

        Usurpação.

        Desonestidade.

        Sevícia.

        Corrupção.

        Crime bárbaro.

Realmente, parece-te inconcebível querer bem aquele que vive no mal, espalhando dor e sofrimento, embora o Evangelho seja claro e enfático quanto a amares o próximo, como a ti mesmo.

Contudo, é preciso entender que o amor é longo e penoso aprendizado, contendo variações de acordo com a evolução espiritual de cada um. Se o irmão infeliz, enredado nas teias da maldade, te desperta indignação e revolta, pelo menos não lhe queiras mal.

Não é impossível atender à recomendação de Jesus. Basta que lutes contra o ódio e, assim, ainda que não percebas, teu amor está nascendo.

129 - *Tua luz*

Cap. XI – 3 e 4

Quase sempre te esqueces das pequenas atitudes de amor que podes dispensar ao próximo, na vida cotidiana.

～

Gesto educado.

Resposta gentil.

Ajuda oportuna.

Apoio providencial.

Informação atenciosa.

Palavra de estímulo.

Frase consoladora.

Tolerância em família.

Vivendo o Evangelho ～ 231

Encorajamento amigo.
Iniciativa fraterna.
Conversa edificante.
Desculpa sincera.
Desinteresse real.

Amor é luz. Contudo, se ainda não guardas o sol no coração, pelo menos cultiva a chama humilde, esparzindo em torno de ti a claridade que puderes, em nome de Jesus.

130 - *César e Deus*

Cap. XI – 5 a 7

Você tem qualidades.

É honesto.
E é humilde?

Não prejudica.
E ajuda?

Respeita.
E ama?

Não ofende.
E perdoa?

Trabalha.
E é generoso?

Não inveja.
E é solidário?

Acolhe os seus.
E o próximo?

Não despreza.
E auxilia?

É digno.
E cultiva o bem?

Não agride.
E tolera?

⁓

O caminho da virtude, segundo Jesus, é acatar as leis humanas sem esquecer o Código Divino.

Contudo, há muita gente correta que está de acordo com César, mas ainda desconhece o compromisso com Deus.

Vivendo o Evangelho ⁓ 233

131 - *Amor de verdade*

Cap. XI – 8

Falas de amor e tens os olhos marejados de lágrimas à lembrança de tantas desditas.

Entregaste o coração ao companheiro amado, cobrindo de ternura o lar que ergueste com sacrifício e renúncia. Entretanto, experimentaste depois a amargura do abandono.

Dedicaste o amor sem limites à esposa de teus sonhos, enfeitando de júbilo o convívio de longo tempo. Contudo, certa manhã tateaste o leito vazio e descobriste que estavas sozinho.

Empenhaste todo o teu carinho no filho querido, plantando nos canteiros da alma as flores da afeição mais pura. No entanto, com o passar dos anos, ouviste cobranças indevidas e colheste os espinhos da ingratidão.

Destinaste profundo afeto ao irmão de sangue, com quem dividiste as alegrias da infância e os devaneios da adolescência. Todavia, mais tarde, sentiste o golpe impiedoso de desprezo e ódio, perturbando-te a paz com ataques caluniosos.

Cumulaste o noivo de afagos e demonstrações apaixonadas, tecendo com entusiasmo o manto de amor, salpicado de juras recíprocas. Entretanto, de repente percebeste que as carícias se transformavam em estocadas dolorosas, despedaçando-te os anseios de felicidade.

Deste o melhor de ti aos parentes de todos os graus, estabelecendo na família as conexões afetuosas com tua presença desinteressada e a ajuda espontânea. Contudo, recebeste a crítica irônica, quando as dificuldades te impediram a atuação mais completa.

Ofertaste o ombro firme e consolador ao amigo em sofrimento, construindo a ponte de confiança e coragem para a travessia do momento infeliz. No entanto, tua atitude amorosa não foi bastante para evitar o pequeno mal entendido.

Expandiste teus sentimentos mais nobres aos estranhos do caminho, amaste, serviste, sofreste com as dores alheias. Todavia, ao invés de palavras de fraternidade, suportaste insultos e impropérios.

Consumido pela revolta e a desilusão, não acreditas mais no amor.

Queres, agora, o prazer imediato, o desejo realizado, a paixão aventureira que não liga à responsabilidade, nem se importa com as consequências desastrosas para o próximo.

O Evangelho, porém, te convida à reflexão. Realmente, é difícil amar com o sacrifício do egoísmo.

O amor fácil, que se cansa e se esgota, nada mais é do que um relâmpago que passa, troveja e muitas vezes destrói.

Contudo, o amor de verdade nasce e evolui no silêncio da renúncia, abençoando a todos sem restrições, como o orvalho da noite que oferta sua gota de ternura ao jardim e ao pântano.

132 - *O Bem é simples*

Cap. XI – 9

O gesto de amor, em dado momento, se resume a simples palavra de

entendimento -
na discórdia,

perdão -
na ofensa,

misericórdia -
na mágoa,

compreensão -
no conflito,

coragem -
na fraqueza,

paz -
na agressão,

calma -
no desespero,

humildade -
na arrogância,

ânimo -
na provação,

fé -
na descrença,

esperança -
na tristeza,

caridade -
na intolerância,

resignação -
na dor,

benevolência -
na aflição,

certeza -
na dúvida.

O Bem é simples.

Não imagine que o ato de amor tenha de ser espetacular. O sol guarda na intimidade poderosa usina de energia, mas basta um raio de luz para afugentar a escuridão.

133 - *Ponte sublime*

Cap. XI – 9

Egoísmo prende
e o amor liberta.

Vivendo o Evangelho ✍ 237

Egoísmo agride
e o amor consola.

Egoísmo arruína
e o amor constrói.

Egoísmo se retrai
e o amor convive.

Egoísmo absorve
e o amor distribui.

Egoísmo se fecha
e o amor expande.

Egoísmo deprime
e o amor estimula.

Egoísmo desanima
e o amor reergue.

Egoísmo acovarda
e o amor encoraja.

Egoísmo consome
e o amor fortalece.

Egoísmo é morte em vida. O amor, porém, é a vida sem morte. Entre eles há enorme abismo, para cuja travessia Deus nos oferta a ponte sublime da caridade.

134 - *Sinal de amor*

Cap. XI – 10

Cultive o hábito da cortesia na convivência diária.

～

Bom dia.
Boa sorte.
Por favor.
Com licença.
Obrigado.
Queira desculpar.
Tenha a bondade.
Um momento.
Bom sucesso.
Com prazer.
Sempre às ordens.
Não há de quê.
Não seja por isso.
Posso ajudar?
À sua disposição.
Conte comigo.
Siga em frente.
Fique à vontade.
Seja bem-vindo.
Vá com Deus.

～

Aja com educação no trato cotidiano. Ainda que lhe seja difícil gostar de todo mundo, a expressão de gentileza já é sinal de amor ao próximo.

Vivendo o Evangelho ～ 239

135 - *Alguém*

Cap. XI – 11

Você não vence o egoísmo de uma só vez, mas pode alcançar pequenas e seguidas vitórias na vivência diária.

❧

Alguém, na condução lotada, está de pé e desconfortável. Ofereça o assento.

Alguém, em fila qualquer, está aflito. Ceda a frente.

Alguém, na sala de espera, está impaciente. Dê o seu lugar.

Alguém, à mesa, está com mais fome. Sirva-se depois.

Alguém, no escritório, é inexperiente. Forneça os detalhes.

Alguém, na calçada estreita, está com pressa. Afaste-se sem barulho.

Alguém, na rua, pede-lhe o favor da informação. Atenda.

Alguém, no trânsito, insiste com a buzina. Deixe passar.

Alguém, no clube, está sem ambiente. Facilite a situação.

Alguém, na família, exige mais. Vá além do simples dever.

❧

São atitudes simples, tidas à conta de boa educação, mas realmente são os primeiros passos no campo da solidariedade.

Sirva sempre alguém em dificuldade, ainda que ele não lhe peça, pois esse alguém é o amigo que o ajuda a vencer o egoísmo.

136 - *Egoísmo em família*

Cap. XI – 12

Anote sua conduta na intimidade doméstica.

Dialoga com os filhos,
mas o que lhe interessa.

Ouve a esposa,
mas faz o que quer.

Conversa com a família,
mas não aceita contenda.

Resolve os problemas,
mas não escuta ninguém.

Provê o sustento do lar,
mas só com o que aprecia.

Planeja a viagem de férias,
mas escolhe o roteiro.

Admite mudanças na casa,
mas segundo seu critério.

Concorda com sugestões,
mas as que lhe agradam.

Passeia com a família,
mas escolhe a diversão.

Claro que você tem amor pelos seus, mas cuidado com o egoísmo, contaminando as possibilidades do bem.

O pão é essencial na mesa. Contudo, ao sofrer o ataque do mofo, embora continue a ser pão, é nocivo ao uso.

137 - *Não é só*

Cap. XI – 13

A caridade não é só impulso generoso, é sentimento de inspiração divina.

Não é só a esmola, é a palavra amiga de estímulo;
não é só a paciência, é o entendimento com paz;

não é só a tolerância, é o perdão com humildade;

não é só esquecer a ofensa, é disposição para reconciliar;

não é só a beneficência, é o aceno de compaixão;

não é só a ajuda exclusiva, é a benevolência com todos;

não é só a doação, é a indulgência com o semelhante;

não é só o agasalho, é o gesto caloroso de solidariedade;

não é só o prato de alimento, é a conversa esclarecedora;

não é só o serviço de auxílio, é a fé impregnada de esperança.

❦

Não é só o bem em favor do próximo, é a renúncia ao próprio egoísmo, de tal modo que, na prática da caridade, seguindo os ensinamentos do Evangelho, você não é só você, é também a presença do amor que procede de Deus.

138 - *É o começo*

Cap. XI – 14

O criminoso fere-lhe os sentimentos. Estraga a vida de seu ente querido. Agride com crueldade a filha amada.

Vivendo o Evangelho ❦ 243

Entretanto, não cultive ideia de vingança.

O ladrão tira-lhe o sossego do lar. Humilha-o na presença dos seus. Rouba-lhe os pertences mais caros.

Contudo, não faça justiça por si mesmo.

O vigarista abusa-lhe da boa fé. Arrasta-o a diversos enganos. Desorganiza-lhe as economias.

No entanto, não proteste com violência.

O caluniador enlameia-lhe o nome. Divulga toda sorte de inverdades. Alimenta situações embaraçosas.

Todavia, não se rebaixe ao contra-ataque.

É compreensível que você ainda não consiga amar alguém que lhe cause tantos danos no caminho.

Recorde, porém, que o amor ao próximo é lei no roteiro da evolução e não se comprometa com o ódio, na certeza de que a renúncia à mágoa já é o começo do amor.

139 - *Na dúvida*

Cap. XI – 15

Claro que pode ocorrer a situação de extremo perigo, em que você é levado a arriscar a própria vida, para salvar alguém que não liga para a vida dos outros.

Entretanto, o que mais acontece é uma pessoa de conduta duvidosa buscar seu amparo e você não saber o que fazer.

～

O homem deseja apoio.
Está com problemas.
Tem fama de ladrão.
E você entra em dúvida.

O rapaz pede socorro.
Está em sério perigo.
Tem fama de bandido.
E você fica na incerteza.

O velho procura ajuda.
Está desamparado.
Tem fama de malfeitor.
E você se perturba.

A mulher roga auxílio.
Está em dificuldade.
Tem fama de caloteira.
E você se confunde.

O menino bate à porta.
Está sem oportunidade.
Tem fama de malandro.
E você cai na indecisão.

～

Vivendo o Evangelho ～ 245

No atual estágio de evolução espiritual, você ainda vacila em ajudar alguém que vive prejudicando os outros, embora o Evangelho recomende o amor ao próximo como a si mesmo.

Na dúvida, contudo, decida-se pelo bem que possa fazer, pois o Código Divino não diz se o próximo é virtuoso ou delinquente, forte ou fraco. Apenas se refere ao próximo e a você.

Capítulo XII

Amai os vossos inimigos

140 - *Inimigo*

Cap. XII – 1 e 2

Alguém ofende.
Não se vingue.
Use o perdão.

Alguém provoca.
Não se irrite.
Use a calma.

Alguém oprime.
Não se revolte.
Use a humildade.

Alguém agride.
Não desforre.
Use a concórdia.

Alguém ironiza.
Não revide.
Use a paciência.

Alguém calunia.
Não se choque.
Use a tolerância.

Alguém desacata.
Não se magoe.
Use a misericórdia.

Alguém persegue.
Não se indigne.
Use a bondade.

Parece impossível, mas não é. Você pode neutralizar o mal com o gesto do bem.

Alguém odeia.
Não devolva.
Use o amor.

141 - *Inimigos íntimos*

Cap. XII – 3

Eis alguns inimigos que se alojam na intimidade da alma e impedem o progresso espiritual.

Inveja
e intriga.

Ingratidão
e desprezo.

Orgulho
e vaidade.

Desânimo
e aflição.

Vingança
e ódio.

Irritação
e cólera.

Violência
e ataque.

Indolência
e desleixo.

Despeito
e ciúme.

Dissipação
e abuso.

Esperteza
e ironia.

Egoísmo
e avareza.

Preguiça
e revolta.

Mentira
e falsidade.

Hipocrisia
e cinismo.

Ame o próximo, ainda que ele lhe tenha inimizade, mas não dê nenhum amor a esses inimigos íntimos.

142 - *Inimigos de ontem*

Cap. XII – 4

Não é fácil dedicar afeição ao inimigo declarado, que te ameaça a paz e os momentos de alegria. Não, não é fácil.

Contudo, ainda que não percebas, já começaste a amar os inimigos camuflados que te partilham a convivência diária.

O irmão que te agride a conduta íntegra e os ideais nobres.

O pai tirano que escraviza tua vontade, impedindo-te a realização íntima.

A mãe transtornada que te pressiona com chantagens emocionais.

O filho rebelde que te falta com o respeito, amargurando-te o coração.

O marido exigente que te sufoca a liberdade de pensar e cerceia teus passos.

A esposa mal-humorada que te mantém cativo a seus caprichos.

O familiar irônico que não te poupa das críticas aos propósitos sinceros.

O colega de trabalho que te endereça antipatia gratuita e palavras agressivas.

O companheiro de ideal que sucumbe à competição e à inveja, dificultando-te o caminho.

A Doutrina Espírita te explica, com a reencarnação, que são todos inimigos de ontem, disfarçados sob nova roupagem física, retornando do passado longínquo a teu convívio nos dias de hoje, para cobrar as dívidas do sentimento e acertar as contas da consciência.

Embora adversários antigos, voltam com a promessa de tua ajuda, na forma de compreensão, tolerância, paciência e perdão, a fim de que o veneno do ódio se desvaneça no bálsamo do amor.

143 - *Diante do inimigo*

Cap. XII – 5

Diante do inimigo mantenha a paz e aja com sensatez.

O inimigo usa o ataque.
Não agrida.
Aja com firmeza.

O inimigo usa a inveja.
Não condene.
Aja com o trabalho.

O inimigo usa a mentira.
Não se irrite.
Aja com a verdade.

O inimigo usa a intriga.
Não acuse.
Aja com a paciência.

O inimigo usa a vingança.
Não se exalte.
Aja com o perdão.

O inimigo usa a violência.
Não se agaste.
Aja com a tolerância.

O inimigo usa a opressão.
Não se intimide.
Aja com a humildade.

Vivendo o Evangelho

O inimigo usa o ódio.

Não censure.

Aja com o amor.

Diante do adversário, comporte-se com decência e cultive o bem. Jesus recomendou não revidar as agressões do inimigo, mas em nenhum momento afirmou que se deve ficar de braços cruzados.

144 - *Inimigos invisíveis*

Cap. XII – 6

São várias as circunstâncias em que inimigos invisíveis te perturbam a paz no caminho.

Livres dos liames que os prendiam ao corpo físico, os adversários, que já atravessaram as fronteiras do além-túmulo e ainda guardam o ódio na alma, espreitam a ocasião oportuna para destilar o veneno da vingança.

Além da atuação direta, quando a sintonia permite, gerando estados obsessivos e de subjugação, com transtornos mais ou menos graves do comportamento e da mente, outras situações são provocadas para atingir o desafeto de maneira indireta, no meio em que vive.

Desajustes no casamento.

Disputas familiares.

Conflitos no lar.

Obstáculos no trabalho.

Antipatias gratuitas na convivência.

Intrigas comprometedoras.

Referências caluniosas.

Desarmonia entre companheiros.

Deserção de colaboradores imprescindíveis.

Envolvimento de entes queridos em situações menos dignas.

Tentações de toda espécie.

Se já te envolves no manto do amor e da caridade, é provável que estejas a salvo do ataque direto.

Contudo, é bom estar atento às situações em que os inimigos invisíveis procuram te ferir o coração, através dos afetos mais próximos. Muitas vezes, aqueles que te são mais caros, em momentos de invigilância, são instrumentos fáceis de vingança espiritual.

Nessas ocasiões, mobiliza todos os recursos que acumulaste no aprendizado do Evangelho e, confiante no apoio divino, entrega-te às mãos de Jesus, compreendendo e perdoando, sem te esqueceres de que a oração e a vigilância são companheiras inseparáveis daqueles que se dispõem a trilhar o caminho do bem e estão predestinados a amar e servir sempre.

145 - *Proposta de paz*

Cap. XII – 7 e 8

Há situações constrangedoras que são verdadeiras bofetadas no rosto.

Resposta mal-educada.
Cumprimento não correspondido.
Favor negado.
Grosseria no trânsito.
Aceno ofensivo.
Gesto de desprezo.
Fisionomia irônica.
Comentário ríspido.
Riso de dúvida.
Palavra de descrédito.
Acusação falsa.
Infidelidade no compromisso.
Desconfiança do amigo.
Indiferença do companheiro.
Insinuação maliciosa.

O tapa na cara, explícito ou camuflado, é sempre desafio humilhante, que mobiliza os instintos mais profundos para o contra-ataque imediato.

Entretanto, Jesus te convida à prudência e à tolerância. Claro que o Mestre Divino não sugere que te exponhas, inerme, às agressões. Apenas recomenda que tuas atitudes não sejam declarações de guerra, mas revelem tanto quanto possível proposta de paz.

Não há dúvida de que apanhar é ruim. Contudo, na perspectiva espiritual, bater é pior.

146 - *Vingança disfarçada*

Cap. XII – 9

A vingança também se disfarça no ato de bondade. Às vezes, você aproveita o gesto de auxílio para desforrar a mágoa antiga.

Ajuda,
mas humilha.

Apoia,
mas ironiza.

Orienta,
mas agride.

Socorre,
mas malicia.

Ampara,
mas censura.

Visita,
mas repara.

Tolera,
mas critica.

Compreende,
mas desmerece.

Consola,
mas despreza.

Desculpa,
mas se afasta.

❧

Preste atenção ao ressentimento silencioso que contamina suas possibilidades de amor, para que você, querendo ajudar, não use o remédio misturado ao veneno.

147 - *Vale a pena*

Cap. XII – 10

Trate as pessoas desagradáveis com os recursos do bem.

❧

Familiar crítico?
Não se ofenda.

Amigo apático?
Dê atenção.

Colega irônico?
Seja cordial.

Irmão agressivo?
Não revide.

Chefe ranzinza?
Tolere.

Atendente rude?
Releve.

Colega desleal?
Esqueça.

Pedinte exigente?
Não condene.

Vizinho grosseiro?
Não se irrite.

Parente ingrato?
Continue ajudando.

Vivendo o Evangelho ∾ 259

Vale a pena ter boa conduta nos relacionamentos difíceis, exercitando paciência e compreensão, mesmo que você ainda não possa demonstrar afeto.

O amor é vigorosa árvore, mas começa na semente do respeito.

148 - *Duelo íntimo*

Cap. XII – 11 e 16

Arrogância.
Contra a humildade.

Violência.
Contra a mansidão.

Cólera.
Contra a paciência.

Egoísmo.
Contra a caridade.

Prepotência.
Contra a sensatez.

Aflição.
Contra esperança.

Intolerância.
Contra a indulgência.

Descrença.
Contra o otimismo.

Fraqueza.
Contra a coragem.

Grosseria.
Contra a brandura.

Vingança.
Contra o perdão.

Preguiça.
Contra o trabalho.

Ódio.
Contra o amor.

❦

Na intimidade da alma, impulsos inferiores atacam os sentimentos nobres, dificultando o esforço de transformação moral, de tal forma que esse duelo íntimo só terá fim, quando sua lealdade às lições de Jesus garantir a vitória do bem.

Vivendo o Evangelho ❧ 261

149 - *Duelo atual*

Cap. XII – 12 e 16

O ímpeto de duelar ainda se mantém nos dias de hoje.

≈

A conversa te desagrada.
Começas a discussão.
É o duelo da impaciência.

O panfleto te injuria.
Contestas com virulência.
É o duelo da intolerância.

O comentário te ironiza.
Escolhes a desforra.
É o duelo da ignorância.

A crítica te incomoda.
Desacatas o oponente.
É o duelo da grosseria.

O gesto te agride.
Devolves o ataque.
É o duelo da violência.

O tapa te surpreende.
Partes para a briga.
É o duelo da vingança.

O cidadão te questiona.
Respondes com o poder.
É o duelo da prepotência.

❧

Se te sentes ofendido e, como resposta, também ofendes, isto significa que o duelo de outros tempos ainda existe, com a diferença de que, em vez da espada ou da pistola, utilizas como arma a falta de caridade.

150 - *Duelo da virtude*

Cap. XII – 12 e 16

Encare suas emoções inferiores na luta pela renovação íntima.

❧

O orgulho ataca. Defenda-se.
Com a humildade.

A cólera ameaça. Proteja-se.
Com a brandura.

O egoísmo perturba. Reaja.
Com a caridade.

A violência ofende. Responda.
Com a paz.

Vivendo o Evangelho ❧ 263

A vaidade excita. Resista.
Com a modéstia.

O medo desorienta. Afirme-se.
Com a coragem.

A descrença aflige. Acalme-se.
Com a fé.

A preguiça afronta. Previna-se.
Com o trabalho.

A inveja destrói. Preserve-se.
Com a aceitação.

A intolerância desafia. Resguarde-se.
Com a paciência.

O duelo da honra ofendida é coisa do passado, mas o duelo da virtude existirá até que o amor vença o ódio em seu coração e você seja digno do reino de Deus.

151 - *Duelo doméstico*

Cap. XII – 13 e 16

A esposa se irrita. O marido não descupla. E a mágoa se prolonga.

O companheiro erra. A mulher não perdoa. E a intolerância se mantém.

O filho desafia. Os pais não relevam. E a desavença se instala.

O irmão desacata. O outro reage. E o conflito prossegue.

O tio ironiza. O sobrinho devolve. E a convivência se altera.

O genro critica. O sogro revida. E a contenda persiste.

A sogra provoca. A nora hostiliza. E a discórdia permanece.

O neto desrespeita. O avô não suporta. E o clima desanda.

O cunhado prejudica. A família reclama. E o ambiente se complica..

Os primos se desentendem. Agridem-se mutuamente. E o mal-estar continua.

Na estratégia das vidas sucessivas, a família é o núcleo de reaproximação de antigos desafetos que se comprometem com o entendimento e o perdão, amparados no Evangelho de Jesus.

Contudo, o que mais acontece é o desprezo ao compromisso assumido, pois o que deveria ser um tratado de paz, à luz da caridade, acaba se transformando, sob a força do orgulho, em duelo doméstico.

152 - *Duelo conjugal*

Cap. XII – 14 e 16

As uniões estáveis, onde duas almas se propõem a objetivos comuns de elevação, também refletem as exigências da Lei de Causa e Efeito. Embora, nesses casos, predominem os sentimentos de amor e afinidade, as arestas do passado interferem na convivência harmoniosa, causando turbulência e sofrimento.

Pequenos deslizes, então, transformam-se em verdadeiras ofensas.

Comentário infeliz.
Frase mal construída.
Referência irônica.
Palavra mais áspera.
Resposta seca.
Irritação repentina.
Mau humor.
Exigência descabida.
Desatenção na conversa.
Reclamação inoportuna.
Desconfiança indevida.
Crise de ciúme.
Alteração do tom de voz.
Conduta impertinente.
Gesto deselegante.

Esses pequenos enganos, somados à intolerância do momento, levam a discussões amargas ou ao ressentimento mudo, porque o outro, no papel do ofendido, parte para o desafio, usando como arma o verbo exaltado ou o silêncio constrangedor.

Outrora, o duelo pela honra tirava a vida do adversário. Hoje, no relacionamento a dois, distante do sentimento de caridade, o duelo conjugal tira, no lar, a alegria de viver.

153 - *Duelo social*

Cap. XII – 15 e 16

Você veste a roupa bem talhada, mas não é só por elegância. É para competir com os outros.

Você usa o brilhante raro, mas não é só por gosto. É para superar a joia da amiga.

Você comparece à festa, mas não é só pela cerimônia. É para rivalizar com os convidados.

Você discute suas ideias, mas não é só por convicção. É para vencer o oponente.

Você estuda com afinco, mas não é só para saber. É para desafiar o professor.

Você está na assistência, mas não é só por desprendimento. É para se impor aos companheiros.

Vivendo o Evangelho ✍ 267

Você se destaca no trabalho, mas não é só por competência. É para sobrepujar o colega.

Você participa do clube, mas não é só por diversão. É para se mostrar aos outros.

Ainda hoje, o duelo sobrevive, dissimulado na convivência diária.

Em outras épocas, era movido a orgulho para lavar a honra com o sangue do desafeto, mas, agora, é alimentado por egoísmo e vaidade, para garantir sucesso e posição de evidência na vida social.

Capítulo XIII

Que a vossa mão esquerda não saiba o que dá a vossa mão direita

154 - *Caridade sem orgulho*

Cap. XIII – 1, 2 e 3

Algumas vezes é inevitável a publicidade no serviço do bem.

Instituições promovem campanhas em favor do próximo e companheiros movimentam-se para o auxílio.

Participe, mas sem ostentação.

Calamidades provocam estragos enormes e a comunidade mobiliza-se para o apoio.

Participe, mas sem exibicionismo.

A fome castiga inúmeras pessoas e organiza-se a distribuição de alimentos.

Participe, mas sem exigência.

O frio tortura os necessitados e inicia-se a doação de agasalhos.

Participe, mas sem superioridade.

A miséria infelicita muitas famílias e irmãos providenciam recursos.

Participe, mas sem presunção.

Em muitas ocasiões, é impossível esconder o bem que se faz, mas é sempre possível fazer caridade sem ostentar orgulho.

155 - *Auxílio fraterno*

Cap. XIII – 1 e 3

Dê o alimento.
Socorra o faminto.
Mas não exija gratidão.

Dê o agasalho.
Ajude o necessitado.
Mas não dite condições.

Dê o calçado.
Auxilie o infeliz.
Mas não faça inquérito.

Dê o remédio.
Ampare o doente.
Mas não levante suspeita.

Dê o enxoval.
Proteja a criança.
Mas não duvide da mãe.

Vivendo o Evangelho 271

Dê o dinheiro.

Atenda ao pedido.

Mas não cause humilhação.

❧

A beneficência não é ajuda qualquer, é auxílio fraterno que não se ostenta nem desdenha o necessitado, pois o bem que se faz ao próximo é sempre um bem a si mesmo.

156 - *Infortúnios domésticos*

Cap. XIII – 4

Há infortúnios domésticos que ficam ocultos à observação comum.

❧

Marido ciumento.

Esposa difícil.

Filho prepotente.

Filha rebelde.

Pai intransigente.

Mãe implicante.

Irmão mesquinho.

Irmã agressiva.

Primo arrogante.
Prima invejosa.

Tio palpiteiro.
Tia mordaz.

Sobrinho irônico.
Sobrinha colérica.

Cunhado leviano.
Cunhada esnobe.

Avô ranzinza.
Avó interferente.

Neto malcriado.
Neta grosseira.

Sogro orgulhoso.
Sogra inflexível.

Genro intolerante.
Nora impertinente.

O Espiritismo explica que as dificuldades de família são o reencontro com as dívidas do passado através da reencarnação, exigindo a caridade silenciosa de cada um, para o equilíbrio e a paz de todos.

157 - *Óbolo da viúva*

Cap. XIII – 5 e 6

O ouro da indulgência.
Ainda não guardas.
Mas perdoa.

O cofre da misericórdia.
Ainda não tens.
Mas releva.

O tesouro da esperança.
Ainda não possuis.
Mas encoraja.

A fortuna da renúncia.
Ainda não deténs.
Mas cede.

A riqueza da paciência.
Ainda não acumulas.
Mas tolera.

A moeda da serenidade.
Ainda não conservas.
Mas pacifica.

A joia da fé inabalável.
Ainda não reténs.
Mas consola.

O patrimônio da caridade.

Ainda não registras.

Mas ajuda.

❧

Embora pobre de virtudes, dá o máximo de ti mesmo em favor dos outros, porque o óbolo da viúva, a que se refere Jesus no Evangelho, não é apenas a doação material com sacrifício, mas sobretudo o esforço para amar o próximo, quando ainda tens tão pouco amor.

158 - *É certo*

Cap. XIII – 7 e 8

Observe como você se comporta na assistência ao próximo.

❧

Alimenta o carente e não lhe pede nada em troca.

Mas aguarda o reconhecimento de Deus.

Agasalha o necessitado e não lhe exige retorno.

Mas espera a recompensa do Senhor.

Ampara o doente e não lhe encomenda gratidão.

Mas conta com os privilégios do Alto.

Vivendo o Evangelho ❧ 275

Auxilia o infeliz e não lhe impõe qualquer compromisso.

Mas fica na expectativa da atenção de Jesus.

Socorre o desamparado e não lhe faz nenhuma exigência.

Mas busca a simpatia dos benfeitores espirituais.

É certo que aquele que você ajuda não lhe deve nada.

Mas, esperando da Providência Divina um recurso qualquer a seu favor, em virtude da caridade que realiza, é certo igualmente que você ainda cobra pelo bem que faz, apenas mudou de devedor.

159 - *Há diferença*

Cap. XIII – 9

Veja como você age diante do necessitado.

Dá comida.
Com gentileza?

Dá agasalho.
Sem grosseria?

Dá remédio.
Com carinho?

Dá roupa.
Sem rispidez?

Dá calçado.
Com bondade?

Dá alívio.
Sem exigência?

Dá ajuda.
Com brandura?

Dá apoio.
Sem revolta?

Dá atenção.
Com paciência?

Dá auxílio.
Sem desaforo?

Dá ânimo.
Com simpatia?

Dá opinião.
Sem altivez?

Caridade é socorro com amor. Qualquer ajuda é sempre útil, mas não custa ser educado ao estender o benefício ao próximo.

Chover é preciso, mas há grande diferença entre a chuva mansa e o temporal violento.

160 - *É de graça*

Cap. XIII – 10

Você alega que não tem recursos para a caridade, mas tem.

✎

Tem ouvidos.
Ouça o parente aflito.

Tem olhos.
Veja além de si mesmo.

Tem boca.
Abra o sorriso fraterno.

Tem voz.
Diga a palavra de ânimo.

Tem braços.
Sinalize o gesto amigo.

Tem mãos.
Faça a tarefa de auxílio.

Tem pernas.
Visite e ajude o doente.

Tem equilíbrio.
Socorra o desorientado.

Tem fé.
Esclareça o incrédulo.

Tem esperança.
Conforte o irmão infeliz.

～

Caridade não depende de moeda, depende de você.

Claro que o dinheiro é importante na extensão da beneficência. Contudo, o maior patrimônio de quem deseja ajudar o próximo é o livre arbítrio alicerçado no bem e a consciência de que o amor não tem preço, é de graça.

161 - *Jesus te espera*

Cap. XIII – 11

É verdade que tua vida anda carregada de compromissos.

～

Vivendo o Evangelho ～ 279

Tens responsabilidades inadiáveis no campo profissional.

Carregas o fardo do sustento familiar, exigindo-te trabalho e sacrifício.

Assumes tarefas domésticas, zelando pelo equilíbrio do lar.

Atendes os reclamos dos filhos em suas necessidades de apoio.

Cultivas a companhia do cônjuge, muitas vezes exigente e caprichoso.

Socorres a parentela em múltiplos deveres e dificuldades e cumpres as obrigações sociais que tua posição te impõe.

∽

É verdade, sim, que teus dias estão comprometidos com muitos afazeres.

Contudo, ninguém é tão ocupado que não possa dispor de algum tempo para aliviar a dor alheia, além do círculo estreito das relações pessoais.

À tua volta, inúmeros irmãos sorririam, felizes, com as migalhas de tuas horas, distribuídas no compasso da solidariedade.

Instituições de apoio fraterno pedem tua presença amiga.

Movimentos em favor dos desafortunados, sopas, salas de costura e campanhas contra a fome aguardam a generosidade de teus braços e a habilidade de tuas mãos.

Atravessa, pois, os limites do egoísmo familiar e avança teus passos, ainda que vacilantes, na senda do bem.

Na fronteira da caridade, Jesus te espera.

162 - *Caridade autêntica*

Cap. XIII – 12

O cirurgião corta para salvar a vida, mas usa o anestésico.

Os pais são severos na educação dos filhos, mas mobilizam sempre o carinho.

O professor é exigente para com o aluno, mas transpira sacrifício e dedicação.

O juiz é rigoroso na aplicação da lei, mas considera atenuantes na hora da sentença.

O jardineiro utiliza o podão na roseira, mas ampara-lhe a haste frágil.

O lavrador revolve a terra para o plantio, mas não esquece os cuidados indispensáveis.

Vivendo o Evangelho 281

A caridade mais autêntica muitas vezes se assemelha ao remédio amargo, necessário ao equilíbrio do organismo.

Entretanto, convém recordar que todo bem procede de Deus e, por isso, ao lado da justiça, que corrige, está sempre presente a misericórdia que apoia.

163 - *Fator de equilíbrio*

Cap. XIII – 12

Dê o pão ao faminto, mas abasteça a própria despensa.

Distribua o agasalho, mas não complique a vida.

Socorra o doente, mas não descuide de sua saúde.

Ajude na instituição, mas trabalhe para sobreviver.

Auxilie o necessitado, mas cuide de pagar as dívidas.

Visite o lar infeliz, mas não esqueça a própria família.

Ampare o desorientado, mas conserve a harmonia.

Colabore na assistência, mas respeite os compromissos.

Faça caridade, mas não negligencie as próprias obrigações.

O bem é fator de equilíbrio entre o amor ao próximo e o amor a si mesmo.

164 - *Teu encontro*

Cap. XIII – 13

Encontraste famílias ao relento, sofrendo a inclemência do temporal e, porque não pudeste erguer a moradia a tantos deserdados, te enredaste no espinheiro da revolta.

Encontraste velhos solitários, gemendo no catre da agonia e, porque não pudeste socorrer a tanto infortúnio, mergulhaste no clima de intolerância.

Encontraste bebês doentes, contorcendo-se

Vivendo o Evangelho ☙ 283

no colo de mães aflitas e, porque não pudeste aliviar a dor de tantos enfermos, te fechaste no silêncio da amargura.

Encontraste mendigos cobertos de feridas, rogando o favor da esmola e, porque não pudeste resolver tanta miséria, te envolveste no manto da indignação.

Encontraste crianças sem lar, vagando pelas ruas entre perigos e lágrimas e, porque não pudeste evitar tanto abandono, acendeste a fogueira da tortura.

Encontraste maltrapilhos, tremendo de frio no inverno rigoroso e, porque não pudeste obter agasalho suficiente para tanta nudez, te atiraste ao abismo da raiva.

Encontraste famintos trôpegos, suplicando o pedaço de pão e, porque não pudeste dispor de alimento para tanta fome, te escondeste na sombra do desespero.

Encontraste infelizes sem recursos, implorando de porta em porta a migalha de apoio e, porque não pudeste atender a tanta necessidade, sucumbiste à explosão de cólera.

❧

Reações despropositadas, diante do sentimento

de impotência que a penúria desperta, quase sempre são disfarces para fugir ao compromisso de ajuda ao próximo.

Não tenhas a pretensão de fazer tudo a todos. Nos caminhos da caridade, não tem importância realizar muito ou pouco, o que importa é a iniciativa determinada em favor de alguém.

Teu encontro com a dor alheia é também o encontro com o Cristo, que ali está à tua espera, a fim de que te movimentes no socorro providencial.

Faz o que puderes e Jesus multiplicará teu gesto de amor.

165 - *Caridade esquecida*

Cap. XIII – 14

Pratique a beneficência ao irmão carente, mas não esqueça a solidariedade aos companheiros do grupo de auxílio.

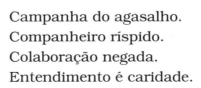

Campanha do agasalho.
Companheiro ríspido.
Colaboração negada.
Entendimento é caridade.

Sala de costura.
Trabalho em conjunto.
Companheira inábil.
Paciência é caridade.

Cozinha da assistência.
Companheira no fogão.
Obreira inexperiente.
Tolerância é caridade.

Visita à família carente.
Companheiro distraído.
Desvio no trajeto.
Calma é caridade.

Reunião de trabalho.
Companheiro exaltado.
Expressão impensada.
Perdão é caridade.

Serviço de atendimento.
Socorro ao necessitado.
Companheiro incapaz.
Compreensão é caridade.

É louvável que você se junte aos companheiros para fazer o bem ao próximo.

Contudo, nesses grupos, a prática da indulgência, uns para com os outros, é quase sempre a caridade esquecida.

166 - *Está certo*

Cap. XIII – 15

Está certo que sejas pobre de dinheiro, mas riqueza não é só moeda. Se não possuis bens materiais, usa o tesouro dos sentimentos para ajudar o próximo de alguma forma.

∽

Agasalho?
Ou o calor de um abraço.

Peça de roupa?
Ou o carinho da atenção.

Pão?
Ou o alimento da esperança.

Calçado?
Ou a segurança da paz.

Remédio?
Ou o bálsamo da fé.

Moradia?
Ou o abrigo da bondade.

Vivendo o Evangelho ∽ 287

Esmola?
Ou a palavra de conforto.

Doação?
Ou o sorriso fraterno.

A beneficência alivia a miséria, contudo a caridade é muito mais do que isso.

Tendo ou não recursos materiais, aproveita a oportunidade do bem, certo de que o gesto de amor dirigido ao próximo é chama imperecível a iluminar-te o caminho.

167 - *Chegue antes*

Cap. XIII – 16

Não confunda esmola com beneficência.

Esmola apenas dá.
Beneficência faz.

Esmola desdenha.
Beneficência abraça.

Esmola magoa.
Beneficência alivia.

Esmola constrange.
Beneficência liberta.

Esmola humilha.
Beneficência reergue.

Esmola expõe.
Beneficência disfarça.

Esmola exclui.
Beneficência agrega.

Esmola deprime.
Beneficência estimula.

Esmola passa.
Beneficência perdura.

Esmola limita.
Beneficência amplia.

Qualquer auxílio é importante, mas não espere o necessitado cair em desespero. Esmola é a resposta ao grito de socorro. Beneficência é o socorro que chega antes.

Vivendo o Evangelho ✆ 289

168 - *Compaixão*

Cap. XIII – 17

Há momentos em que é difícil viver o sentimento de piedade.

Entretanto, mesmo nessas ocasiões, não afogues o coração na mágoa, impedindo a compaixão pelos que te parecem merecedores de repulsa, mas estão a caminho do desastre e do sofrimento.

O ladrão leva teus pertences, mas rouba a própria dignidade.

O assassino te infelicita a família, mas semeia a própria tristeza.

O caluniador te perturba o sossego, mas envenena o próprio caminho.

O chefe te persegue no serviço, mas cultiva o próprio tormento.

O irmão te azucrina as horas, mas complica o próprio futuro.

O marido te humilha com o desprezo, mas busca a própria dificuldade.

A esposa te maltrata com exigências, mas deserta da própria paz.

O companheiro te deixa só na luta, mas prepara a própria solidão.

É mais fácil ter piedade de quem sofre, do que por aquele que faz sofrer.

Contudo, o seguidor do Evangelho deve buscar o modelo do Cristo, que se compadeceu dos fracos e dos doentes, mas não esqueceu a compaixão pelos algozes.

169 - *Desastre*

Cap. XIII – 17

Você atravessa a hora difícil, mas não se entregue à autocomiseração.

Abala-se com a morte do filho. Sofre intensamente a separação. Mas não adianta ter dó de si próprio.

Levante-se e siga adiante.

Fracassa em determinado projeto. Lamenta o investimento sem proveito. Mas não resolve sentir-se vítima.

Aprenda com o erro e continue trabalhando.

Perde o prêmio na competição. Experimenta o sabor da derrota. Mas não convém chorar por si mesmo.

Retempere-se e prossiga no caminho.

Sabe de sua enfermidade. Passa por momentos atribulados. Mas é inútil a tristeza sem fim.

Trate-se e valorize a vida.

Não tem o apoio esperado. Permanece sozinho na luta. Mas é perda de tempo o desânimo.

Encoraje-se e mantenha o compromisso.

É alvo de trama bem urdida. Paga com amargura pelo que não fez. Mas não vale a pena o lamento.

Confie em Deus e conserve a paz.

Piedade para com o próximo é virtude, mas compaixão por si mesmo é desastre, atrasando a vitória do bem.

Diante do sofrimento que as frustrações lhe trazem, lembre-se das vidas sucessivas e da Lei Divina que cobra os deslizes do passado.

Na provação, em sã consciência, ninguém é vítima. É o algoz de ontem, agora submetido à dor para a necessária reparação.

170 - *Órfãos*

Cap. XIII – 18

O Código Divino é claro, mas nem sempre é observado.

Ensina reverenciar o Criador como Pai Amantíssimo, mas nega-se a existência da Divindade.

Afirma não pronunciar em vão o nome de Deus, mas invoca-se o Senhor até para a guerra.

Recomenda honrar pai e mãe, dedicando-lhes carinho e assistência, mas abandona-se a família.

Exige não matar, valorizando a existência, mas tira-se a vida do próximo.

Fala em não roubar os pertences alheios, mas pratica-se a desonestidade.

Diz não cometer adultério, que compromete objetivos nobres, mas semeia-se o mal.

Refere não levantar falso testemunho, mas espalha-se a calúnia.

Declara não desejar a mulher do outro, mas destroem-se lares.

Assevera não cobiçar os bens do vizinho, mas mergulha-se na inveja.

Proclama amar o próximo como a si mesmo, mas cultiva-se o ódio.

∽

Aqueles que transgridem o Código Divino, na verdade, afastam-se de Deus. Embora o Senhor os ampare sempre, não se dão conta da Paternidade Divina e, por vontade própria, passam pela vida, indiferentes ao bem.

Distantes do amor e da caridade, são órfãos por si mesmos.

Vivendo o Evangelho ∽ 293

171 - *O mais ingrato*

Cap. XIII – 19

Apoias o indigente.
Ele não agradece.

Vestes o desnudo.
Ele não retribui.

Acolhes o infeliz.
Ele não divulga.

Ajudas o serviçal.
Ele não declara.

Amparas o amigo.
Ele não comenta.

Atendes o vizinho.
Ele não mostra.

Serves o confrade.
Ele não se lembra.

Auxilias o colega.
Ele não confessa.

Confortas o irmão.
Ele não anuncia.

Socorres o doente.
Ele não dá notícia.

Julgas essas atitudes ingratidão a teus gestos de bondade e por isso te opões a novas oportunidades de auxílio ao próximo. Contudo, nos caminhos da caridade, o mais ingrato não é quem desdenha o benefício recebido, mas aquele que pode servir e se recusa a fazê-lo.

172 - *Deus permite*

Cap. XIII – 19

Insatisfação.
Intolerância.
Reclamação.
Zombaria.
Desprezo.
Agressão.
Revolta.
Silêncio.
Cinismo.
Ironia.
Raiva.
Pirraça.

Recusa.

Despeito.

Indiferença.

Provocação.

Desinteresse.

Esquecimento.

Incompreensão.

Desentendimento.

Deus permite que tudo isso possa acontecer no serviço de auxílio ao próximo, para que você saiba se já faz o bem sem esperar recompensa ou se ainda enxerga a caridade como simples negócio, onde o reconhecimento é lucro e a ingratidão, prejuízo.

173 - *Vítimas da invigilância*

Cap. XIII – 20

Não agem com acerto, realmente, os que ajudam apenas os necessitados que lhes comungam as ideias.

Convém, no entanto, prestar atenção aos que auxiliam a todos indistintamente, mas sempre esperam algum retorno.

Doam quantias generosas em dinheiro, mas pedem o anúncio da iniciativa.

Assumem campanhas beneficentes, mas desejam a presença da mídia.

Fazem distribuições aos pobres, mas exigem o registro fotográfico.

Colaboram com instituições, mas reclamam privilégios.

Sustentam grupos de assistência, mas querem atenção especial.

Apoiam movimentos fraternos, mas não dispensam a publicidade.

Visitam famílias em penúria, mas aguardam os elogios.

Participam de equipe solidária, mas só falam de seu trabalho.

Garantem o pão aos famintos, mas insistem nos aplausos.

Socorrem o doente com remédios, mas exibem com alarde a receita aviada.

Embora realizem o bem sem qualquer discriminação, são vítimas da invigilância, quando esquecem a lição de Jesus em torno da humildade.

Não praticam a beneficência exclusiva, mas são exclusivistas quanto aos resultados.

Capítulo XIV

Honrai a vosso pai e a vossa mãe

174 - *Mães*

Cap. XIV – 1 a 3

Nesse momento, inúmeras mães padecem provações dolorosas.

❧

Choram a morte prematura de seu rebento ou assistem à miséria dentro de casa.

Lamentam a discórdia entre irmãos ou suportam a indiferença e o desprezo.

Sofrem à cabeceira de seu pequeno doente ou recebem agressões gratuitas.

Sentem a solidão do abandono ou anseiam por uma gota de carinho.

Colhem os espinhos da ingratidão ou são vítimas da intolerância e do preconceito.

Amargam a angústia da enfermidade incurável ou passam a velhice sem a presença dos filhos.

Todas as mães são abençoadas por Deus e predestinadas a missão sublime, na exaltação da vida.

Entretanto, aquelas que transformam a maternidade em sacrifício resignado são heroínas anônimas, cuja vitória maior é reviver na Terra o amor e a renúncia da Mãe de Jesus.

175 - *Pais*

Cap. XIV – 1 a 3

É verdade que existem pais, cuja dedicação aos filhos deixa muito a desejar.

São irados
e não, calmos;

negligentes
e não, zelosos;

autoritários
e não, afáveis;

ciumentos
e não, amigos;

indiferentes
e não, afetuosos;

grosseiros
e não, delicados;

Vivendo o Evangelho ⮩ 301

mesquinhos
e não, bondosos;

medíocres
e não, educados;

distantes
e não, íntimos;

invejosos
e não, solidários;

agressivos
e não, brandos;

impertinentes
e não, tolerantes.

Apesar dos defeitos e por mais que não realizem o ideal dos filhos, ainda assim são credores de respeito, gratidão e amor, porque são a porta da reencarnação e sem ela não se chega a Deus.

176 - *Hoje e amanhã*

Cap. XIV – 3

Ninguém nega a existência de pais que cultivam o conflito no relacionamento com os filhos.

Maltratam.
E humilham.

Discutem.
E espancam.

Abandonam.
E mentem.

Desprezam.
E hostilizam.

Atormentam.
E ofendem.

Descuidam.
E sacrificam.

Abusam.
E censuram.

Oprimem.
E condenam.

Agridem.
E enganam.

Ironizam.
E torturam.

❧

Vivendo o Evangelho ❧ 303

É longa a lista de condutas impróprias, mas o Código Divino recomenda honrar pai e mãe, não importando sua condição.

É preciso, pois, que os filhos tenham paciência e entendimento, certos de que hoje compreendem os pais difíceis, mas amanhã talvez sejam eles os necessitados de compreensão.

177 - *Pais e filhos*

Cap. XIV – 4

Há muitos pais que sofrem em silêncio, na intimidade do lar, as agressões dos filhos.

Ofertam carinho, mas só conseguem grosseria como resposta.

Buscam a compreensão, mas o retorno é o desentendimento.

Desejam a paz, mas o resultado é a discussão e o conflito.

Oferecem ajuda, mas são alvos de sarcasmo e antipatia.

Convidam ao diálogo, mas encontram apenas o verbo de intolerância.

Querem convivência amiga, mas são tratados como adversários.

Sinalizam boa vontade, mas são atingidos pela revolta.

Dão testemunho de irrestrito amor, mas recebem de volta a indiferença.

∾

Pais e filhos, que não mostram simpatia recíproca, são Espíritos à procura de reconciliação, em nova existência.

Aqueles, pois, que ainda não podem amar os pais dedicados que a Bondade Divina coloca em seus passos, pelo menos lhes honrem o nome e a presença, certos de que o respeito a esses benfeitores é apenas um raio de luz, mas suficiente para afugentar a escuridão do ódio, abrindo caminho para novas conquistas no futuro.

178 - *Apego obsessivo*

Cap. XIV – 5 a 7

Eduque o filho, mas não despreze o menor sem escola.

∾

Vivendo o Evangelho ∾ 305

Proteja a filha, mas não desconheça a criança abandonada.

Cuide do pai enfermo, mas lembre-se dos outros doentes.

Ampare a própria mãe, mas não rejeite o apelo da gestante carente.

Ampare o irmão, mas não negue apoio ao pedinte sem teto.

Festeje os avós, mas reserve algum tempo aos velhinhos solitários.

Socorra o parente sem recursos, mas contribua para a assistência aos necessitados.

Ajude os de casa, mas não tape os ouvidos à dificuldade do vizinho.

❧

Há muita gente que usa a responsabilidade com a família para esconder o próprio egoísmo, virando as costas às necessidades do próximo mais distante.

Contudo, a lição de Jesus é permanente convite à prática do bem, adiante da fronteira doméstica.

Ame sua família, mas não faça deste amor um apego obsessivo.

179 - *Ao encontro de Deus*

Cap. XIV – 5 e 8

Credor
e devedor.

Tirano
e oprimido.

Adversário
e inimigo.

Opositor
e rival.

Agressor
e agredido.

Enganador
e enganado.

Algoz
e vítima.

Vencedor
e vencido.

Traidor
e traído.

Esperto
e iludido.

Ofensor
e ofendido.

Mentiroso
e lesado.

Sedutor
e seduzido.

Prepotente
e humilhado.

Através da reencarnação, essas relações de outros tempos reúnem-se na família consanguínea, gerando antipatias e conflitos, em permanente processo de reconciliação.

Desafetos de ontem, reencontram-se hoje na parentela corporal com o compromisso da renovação íntima, a fim de que no futuro, unidos pelo amor na família espiritual, caminhem de mãos dadas ao encontro de Deus.

180 - *Criaturas de Deus*

Cap. XIV – 9

Exploradores.
E mesquinhos.

Estupradores.
E orgulhosos.

Prepotentes.
E usurários.

Avarentos.
E egoístas.

Corruptos.
E ladrões.

Vigaristas.
E espertos.

Libertinos.
E levianos.

Hipócritas.
E devassos.

Assaltantes.
E fanáticos.

Impostores.
E terroristas.

Criminosos.
E assassinos.

Vivendo o Evangelho

Preguiçosos.
E desonestos.

Enganadores.
E trapaceiros

Todos eles são criaturas de Deus e vieram ao mundo para trilhar o caminho do bem. Não conseguiram. Se algum nasceu de você e frustrou seus sonhos na vida, não se aflija. A Misericórdia Divina providenciará outras oportunidades através da reencarnação.

Não há dúvida quanto à bondade do Senhor. Contudo, é preciso que você tenha suficiente perdão e caridade para recebê-los de volta em novas experiências, permitindo que o amor infinito de Deus se manifeste pelas migalhas de seu amor.

181 - *Mais interessante*

Cap. XIV – 9

Repare quantas vezes seu filho mostra uma tendência má e você interpreta diferente.

Revela orgulho. E você logo se manifesta: é sistemático.

Age com egoísmo. E você deduz: cuida do que é dele.

É agressivo. E você rapidamente declara: tem personalidade.

Porta-se com atrevimento. E você justifica: é inteligente.

Rejeita obediência. E você exclama: possui opinião própria.

Desrespeita orientação. E você conclui: sabe o que quer.

Foge da disciplina. E você observa depressa: é esperto.

Reage com violência. E você afirma: está se defendendo.

***

Tal conduta fortalece os impulsos viciosos do passado e desperdiça a oportunidade de corrigi-los no presente.

Fique atento, pois, à responsabilidade que Deus lhe concede na condução de outros Espíritos ao caminho da evolução.

Compreenda que amar os filhos não é agradá-los sempre, mas ensinar-lhes que a conquista do bem exige perseverança no aperfeiçoamento próprio.

De qualquer maneira, se não houver êxito nesta existência, a tarefa continua em outras vidas.

Mais interessante é você não se enganar a si mesmo.

Vivendo o Evangelho ~ 311

182 - *Começar de novo*

Cap. XIV – 9

Há muitas notícias sobre filhos que são

    abandonados,
    desprezados,
    intimidados,
    humilhados,
    explorados,
    estuprados,
    ofendidos,
    surrados,
    agredidos,
    vendidos,
    oprimidos,
    torturados,
    enganados,
    esquecidos,
    maltratados,
    malcuidados,
    assassinados,
    escorraçados,
    desrespeitados,
    marginalizados.

Os autores dessas tragédias são pais que deveriam amar, proteger, educar e conduzir os filhos ao bem, mas falharam.

Além da punição conferida pela lei humana, são responsáveis perante o Código Divino, que faz justiça com misericórdia.

Por isso, retornarão aos laços da carne, talvez em situação mais difícil e, como o aluno reprovado na escola, vão começar tudo de novo.

183 - *Mãe incompreendida*

Cap. XIV – 9

Percebeste a gravidez e, daí por diante, passaste a tecer os sonhos mais lindos.

A cada movimento de vida no ventre, teus devaneios projetavam na tela mental os desejos mais secretos do coração.

O quarto da casa, reservado ao futuro herdeiro, transformava-se, sob o impacto de tuas fantasias, no palácio suntuoso para abrigar o príncipe de teus anseios mais puros.

O berço simples, mas enfeitado, tornava-se o trono revestido de gemas preciosas para receber o senhor absoluto de tuas emoções.

Vivendo o Evangelho 313

O enxoval, feito com carinho, era a vestimenta real, digna da majestade daquele que conquistara tua alma.

E quando o conquistador de tuas esperanças veio à luz do mundo, peregrinaste por todas as veredas do amor e da ternura, seguiste-lhe os passos com zelo e carinho, exultaste de alegria pura e inocente.

Revelaste dedicação e devotamento.

Somaste sacrifício e renúncia para que não lhe faltasse até o supérfluo.

Atendeste-lhe todas as vontades e, embriagada de entusiasmo, prometeste a ti mesma que serias a melhor de todas as mães.

Entretanto, tudo em vão.

O tempo te ofertou revelações desagradáveis. O herdeiro de tua vida mostrava-se espinho e não, flor.

A cada gesto de paz, encontraste a guerra.

Recebeste humilhações, desapontamentos, recriminações e grosserias.

A ingratidão daquele em que depositaste toda a esperança arrojou-te ao abismo da amargura e desilusão.

Soubeste, então, pela Doutrina Espírita, que a Misericórdia Divina colocara junto de ti o credor implacável de outras vidas.

Retornando na condição de filho, o desafeto do passado exige de ti o amor sem egoísmo. Diante dele, não cultives revolta ou decepção. Ao contrário, ama, ama sempre, ainda que teu amor não tenha resposta.

É provável que, um dia, também tenhas sido filha ingrata e, agora, tens a ocasião de reparar os enganos de ontem.

Prossegue tua tarefa, rogando ao Senhor a força necessária e, embora mãe incompreendida, diz a teu filho que a ingratidão dele não tem importância.

O que importa é a gratidão a Deus pela oportunidade de repetir a experiência, desatar os laços de ódio e acertar o caminho do bem.

184 - *Repetência*

Cap. XIV – 9

Filhos são rebeldes. Pais intolerantes não favorecem a harmonia.

Filhos agridem. Pais violentos complicam a restauração da paz.

Filhos discordam. Pais autoritários dificultam a existência de diálogo.

Filhos erram. Pais irresponsáveis não sentem a obrigação de corrigir.

Filhos se desorientam. Pais negligentes não se apressam em aconselhar.

Vivendo o Evangelho ∽ 315

Filhos não cumprem as obrigações. Pais levianos concordam.

Filhos mentem. Pais insinceros não se interessam pela verdade.

Filhos desacatam. Pais incompreensivos mantêm a discórdia.

Filhos odeiam. Pais rancorosos reforçam o sentimento de raiva.

Filhos são ingratos. Pais sem amor não ajudam.

Pais e filhos são instrumentos da reencarnação para diluir mágoas do passado e ajustar compromissos para o futuro.

Cientes disso, os pais assumem a obrigação da tolerância e do entendimento, da mesma forma que os filhos têm o dever do respeito e da consideração. Não sendo assim, aquele que falhar será reprovado nos testes da evolução, repetindo experiências em situações mais difíceis e aflitivas.

E, como ocorre em toda escola, a repetência é sempre atraso e complicação.

185 - *Nem tudo*

Cap. XIV – 9

Afrontas o orçamento.
E desorganizas a vida.

Violas a lei de trânsito.
E acontece o acidente.

Descuidas da família.
E arranjas problemas.

Foges ao bom senso.
E vives em confusão.

Cometes a infração.
E deparas com a dor.

Desrespeitas a saúde.
E adquires a doença.

Desprezas o trabalho.
E descobres a miséria.

Recusas a harmonia.
E facilitas a discórdia.

Evitas o clima de paz.
E alimentas o conflito.

Rejeitas a convivência.
E encontras a solidão.

Nem tudo que te aflige é resgate de erros de outras vidas, é consequência de desatinos cometidos agora. Embora tenhas o quinhão de provas, relativas às culpas do passado remoto, boa parte do sofrimento que lamentas é patrimônio adquirido hoje.

A falta de luz em casa pode ser o defeito na usina distante, mas quase sempre é a lâmpada queimada que esqueceste de trocar.

186 - *Não rejeites*

Cap. XIV – 9

A Lei de Causa e Efeito promove, na parentela corporal, o reencontro de Espíritos afins e desafetos.

Os que renunciam.
E os que exploram.

Os que respeitam.
E os que agridem.

Os que entendem.
E os que ignoram.

Os que favorecem.
E os que destroem.

Os que pacificam.
E os que desunem.

Os que constroem.
E os que arruínam.

Os que confiam.
E os que acusam.

Os que doam.
E os que exigem.

Os que combinam.
E os que atacam.

Os que se querem.
E os que se repelem.

Não rejeites o familiar que te tortura, recordando que o Evangelho te pede sempre caridade e perdão àqueles que não te compreendem.

É fácil conviver com a simpatia e o afeto. Difícil é aceitar o parente que incomoda.

Pratique o *"Evangelho no Lar"*

livros com propósito

 INSTITUTO DE DIFUSÃO ESPÍRITA | 🌐 ideeditora.com.br
📷 ideeditora
f ide.editora
🐦 ideeditora

Ide editora é nome fantasia do Instituto de Difusão Espírita, entidade sem fins lucrativos.

Se você acredita no conhecimento que os livros inspiram, na caridade e na importância dos ensinamentos espíritas, ajude-nos a continuar esse trabalho de divulgação e torne-se um sócio-contribuinte. Qualquer quantia é de grande valor. Faça parte desse propósito! Fale conosco 📞 (19) 9.9791.8779.